KB175659

옷장에서
나온
인 문학

# 옷장에서 나온 인문학

ⓒ이민정 2014

| | | | |
|---|---|---|---|
| 초판 1쇄 | 2014년 4월 3일 | | |
| 초판 19쇄 | 2024년 7월 12일 | | |

지은이　이민정

| | | | |
|---|---|---|---|
| 출판책임 | 박성규 | 펴낸이 | 이정원 |
| 편집주간 | 선우미정 | 펴낸곳 | 도서출판 들녘 |
| 기획이사 | 이지윤 | 등록일자 | 1987년 12월 12일 |
| 편집 | 이동하·이수연·김혜민 | 등록번호 | 10-156 |
| 디자인 | 하민우·고유단 | 주소 | 경기도 파주시 회동길 198 |
| 마케팅 | 전병우 | 전화 | 031-955-7374 (대표) |
| 경영지원 | 김은주·나수정 | | 031-955-7376 (편집) |
| 제작관리 | 구법모 | 팩스 | 031-955-7393 |
| 물류관리 | 엄철용 | 이메일 | dulnyouk@dulnyouk.co.kr |

ISBN　978-89-7527-639-2(03300)

값은 뒤표지에 있습니다. 파본은 구입하신 곳에서 바꿔드립니다.

# 옷장에서 나온 인문학

이민정 지음

푸른들녘

# 사람 70억 명이 있으면 옷도 70억 벌이 있다

"이 촌스러운 옷을 갈기갈기 찢어버려 주마!"

'아이작 아시모프Isaac Asimov'라는 사람을 알고 있나요? 생화학 박사이며 심리학과 철학에도 조예가 깊었던 사람입니다. 그리고 아주 유명한 사이언스 픽션(SF) 소설 작가이기도 하지요.

풍부한 배경 지식을 동원하여 집필한 그의 소설들은 순식간에 명작의 반열에 올랐습니다. 영화 〈바이센테니얼 맨Bicentennial Man〉의 원작이 된 『200년을 산 사나이』, 영화 〈아이, 로봇I, Robot〉의 원작이 된 '로봇 시리즈' 등을 비롯하여 '파운데이션 시리즈'라는 작품까지 모두 미래 세계에 대한 풍부하고 깊이 있는 통찰이 담겨있는 것으로 유명합니다.

그중 '파운데이션 시리즈'가 표현하는 미래 세계는 참으로 흥미롭습니다. 지금으로부터 수만 년이 흐른 미래, 인간은 우주 전체에 퍼져 있는 수백만 개의 행성을 개척해 살고 있고, 전 은하계의 인구를 전부 더하면 1천조 명이 넘습니다. 그 세계에 수학자 한 명이 등장합니다. 전 은하계의 향방을 좌지우지할 수 있을 만한 능력을 갖추고 말이지요. 미래를 예측할 수 있는 방법을 찾아낸 주인공은 그의 목숨을 노리는 적들을 상대하면서 모험을 하는데, 모험 중 그가 처음 겪은 곤란은 그가 입은 옷에서 비롯되었습니다. 그래요. 고작 옷 때문에 은하계의 운명을 손에 쥐고 있는 사람이 싸움에 말려든 것입니다.

이 글의 시작 부분에 나온 대사는 이 소설 안에 등장하는 대사입니다. 주인공이 사는 행성에서는 갈색 옷을 많이 입었는데, 다른 행성의 불량배가 주인공의 갈색 옷을 보고는 옷만 봐도 구역질이 난다고 덤벼들며 내뱉은 말입니다. 지금부터 수만 년이 지난 미래 세계에서도 사람들 사이에서는 '어떤 옷을 입는가'를 두고 논란이 벌어질까요? 여러분 생각은 어떤가요?

미래를 알 수 있는 방법은 없습니다. 다만 과거에는 어떠했고 현재는 어떤지를 살펴보며 미래를 예측할 뿐이지요. 아이작 아시모프라는 위대한 작가는 미래에도 옷이 사람들을 구분 짓고 평가하는 아주 중요한 수단일 것이라고 생각했던 게 분명합니다.

특별한 생각도 아닙니다. 옷은 과거에도 현재에도 인간의 삶과 밀접하게 연결되어 있으니까요. 그러니 미래에도 당연히 그러리라 예측할 수 있겠죠.

어떤 사람들은 옷을 디자인하고 만드는 일로 생계를 이어갑니다.

어떤 사람들에게 옷은 자신의 경제력이나 감각을 뽐내는 수단입니다. 어떤 사람들에게 옷은 자신의 개성과 사상을 나타내주는 도구이고, 어떤 사람들에게 옷은 억지로 입어야 하는 억압의 상징입니다. 여러분에게 옷은 어떤 의미를 가지고 있나요?

여러분에게 옷에 대한 모든 재미있는 이야기를 들려주고 싶습니다. 옷은 누가 만들고, 무엇으로 만들며, 누구가 입는지에 관해서, 더불어 그 옷들이 어떻게 우리의 삶과 이 세계에 연결되어 있는지까지 말이에요.

사람들 사이에서는 '어떤 옷을 입는가'를 두고 치열한 논쟁과 다툼이 벌어지기도 합니다. 그만큼 옷이란 사소해 보이면서도 우리 삶에 많은 비중을 차지하고 있답니다.

옷 이야기에 귀를 기울여야 하는 이유가 뭐냐고요? 지구라는 별에 사는 70억 명의 사람들 중 어떤 방식으로든 옷을 입지 않는 사람은 한 명도 없기 때문입니다. 옷이 얼마나 거대한 이야기를 담고 있는지 감이 오시나요? 자, 이제 이야기를 시작해봅시다.

차례

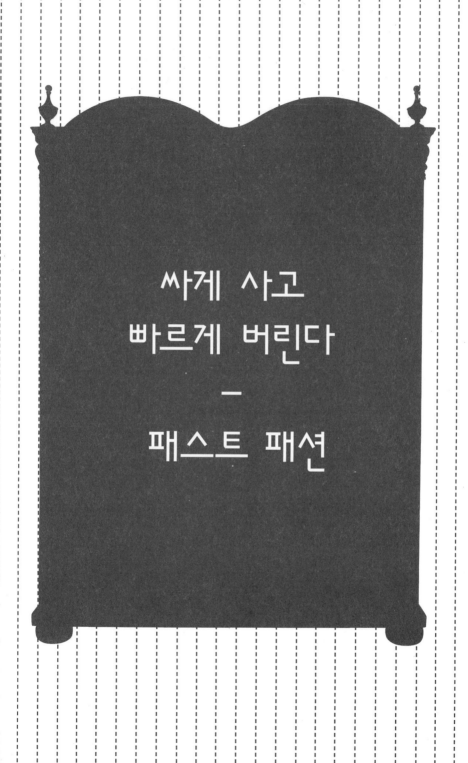

싸게 사고
빠르게 버린다
—
패스트 패션

2014년 1월 2일, 캄보디아 프놈펜에서 봉제 공장 노동자들의 시위가 일어났다. 시위 이유는 최저 임금을 인상해달라는 것. 캄보디아 봉제 노동자들의 최저 임금은 월 80달러(한화 약 8만 원)이다. 정부에서는 95달러로 인상할 것을 제안했으나 노동자들은 160달러까지 인상하기를 바라고 있다. 열 명 이상의 노동자들, 함께 시위에 참여한 승려들이 부상을 당했으며 경찰에 체포되었다. 시위는 점점 격화되어 경찰과 군인은 총을 발포하기에 이르렀으며 약 일주일 뒤인 1월 10일에는 총상으로 인한 사망자만 다섯 명이 발생하기에 이르렀다.

캄보디아에는 한국의 의류 생산 업체도 40~50곳가량이 입주해 있다. 일각에서는 노동자들의 시위로 인해 한국에까지 경제적 타격이 일어날 것을 우려하고 있다. 반면 노동자와 승려들의 비폭력 시위를 무력으로 진압하는 일에 한국 공장들이 앞장섰다며 비판하는 목소리도 높아지고 있다.

## ┊ 패스트 패션 = 빠른 옷?

'패스트푸드'라는 말은 우리에게 참 친숙하지요? '빠르다'라는 뜻의 패스트[fast]와 '음식'이라는 뜻의 푸드[food]를 합친 말입니다.

패스트푸드의 장점은 다양합니다. 첫 번째, 그 이름처럼 빠릅니다. 재료를 미리 준비해두었다가 간단히 익히거나 데우기만 하면 조리가 끝나기 때문에 주문 후 몇 분 안에 먹을 수 있습니다. 두 번째로, 먹기에 번거롭지가 않습니다. 뭐든 제대로 차려 먹고 나면 설거지가 남게 마련이지요. 하지만 패스트푸드의 경우, 종이나 플라스틱으로 된 포장용기를 버리기만 하면 됩니다.

마지막, 가장 중요한 장점은? 가격이 싸다는 것입니다. 다 먹고 나면 배가 두둑히 불러오는 햄버거 세트도 몇 천 원이면 먹을 수 있습니다. 편의점의 감초인 컵라면이나 삼각김밥 등은 천 원 안팎이면 먹을 수 있으니 '싸게 한 끼 때우기' 위해서는 정말 안성맞춤이 아닐 수 없지요.

사람들은 패스트푸드를 언제부터 먹기 시작했을까요? 고대 로마의 도시 사람들은 인술라[Insula]라고 불리는 아파트 형 건물에서 살았다고 합니다. 여러 가구가 모여 살다 보니 이 건물 주변으로 와인에 담가 먹는 빵이나 채소 볶음, 소시지 등을 파는 행상들이 빈번하게 오갔습니다. 바쁜 도시인들에게 간단한 식사를 제공하는 패스트푸드의 시초인 셈입니다.

그런데 최근, 패스트푸드만큼 역사가 길지는 않지만 패스트푸드의 모든 장점을 꼭 닮은 또 다른 '패스트' 형제가 탄생했습니다. 이름하여 '패스트 패션fast fashion'!

패스트 패션이 등장한 지는 몇 십 년이 채 되지 않았습니다. 우리 나라에서는 최근에서야 그 열풍이 불고 있지요. 과연 패스트 패션이란 무엇일까요? 영단어를 그대로 풀면 '빠른 옷'이라는 뜻인데, 도대체 옷이 어떻게 빠르다는 걸까요?

우리는 주로 유행에 따라 옷을 고릅니다. 그런데 우리가 입고 있는 옷의 유행은 어디서 시작되는 걸까요?

우리가 몸에 걸치는 옷, 신발, 가방 등 대부분 패션 제품의 유행은 세계 4대 패션위크에서 시작됩니다. 이름 있는 디자이너들이 새로운 스타일을 선보이는 자리이지요. 프랑스 파리, 미국 뉴욕, 이탈리아 밀라노, 그리고 영국 런던에서는 1년에 한 번씩 일주일에 걸친 큰 패션쇼가 열립니다. 우리가 알고 있는 거의 모든 유명 디자이너들이 이 쇼에서 그들의 새로운 작품들을 선보이지요. 크리스찬 라크르와Christian Lacroix, 알렉산더 맥퀸Alexander McQueen, 마크 제이콥스Marc Jacobs 등등 패션에 관심이 있는 친구라면 한 번쯤 들어보았을 법한 유명 디자이너들이 모두 참가합니다. 유명 디자이너의 패션쇼에는 수많은 기자들이 몰려와 사진을 찍고, 그 사진 속의 작품들이 각종 신문·잡지·TV로 노출됩니다. 그중에서도 〈보그Vogue〉와 같은 글로벌 패션 잡지의 역할이 아주 크지요. 이런 과정을 거치며 자연스럽게 유행의 큰 방향이 정해집니다. 그해 패션위크에서 스키니 진을 많이 선보였다면, 매체를 통해 패션위크를 접한 소비자들도 스키니 진을 구매하고 싶어지는 것입니다.

"나는 패션쇼를 본 적이 없다"고 말할 사람들도 있을 겁니다. 하지만 백화점이나 각종 옷가게에서 옷을 만들고 파는 사람들은 대부분 패션위크를 참고해서 옷을 만들고 판매합니다. 때문에 패션쇼를 직접 보지 않은 사람들도 옷을 고르다 보면 자연스럽게 패션위크의 유행을 따라가게 되는 것입니다.

한 해의 패션위크가 끝나고 나면 의류 브랜드들이 할 일이 정해집니다. 유행 아이템이 될 옷과 신발 등을 디자인해 제품으로 만드는 일입니다.

그런데 이 과정에는 꽤 시간이 걸립니다. 패션위크에서 선보인 유행의 큰 틀을 참고해 소비자들의 동향을 파악하면서 제품을 디자인하고 생산하고 백화점과 같은 유통 업체에 전달하려면 최소 6개월 정도가 필요합니다.

소비자들은 최신 유행으로 등장한 옷을 빨리 입고 싶지만 물건을 만드는 쪽은 더디기만 하니 답답한 노릇입니다. 그런 패션계에 '이 과정을 좀 더 단축시킬 수는 없을까?'라는 생각을 한 사람이 나타났습니다. 바로 자라<sup>Zara*</sup>의 창업주, 아만시오 오르테가<sup>Amancio Ortega</sup>입니다.

> *
> 영어 발음으로는
> '자라(Zah-rah)'이고
> 스페인어로는
> '타라(Tha-ra)'라고
> 읽습니다.

## ┆ 패스트 패션의 탄생

아만시오 오르테가는 스페인 철도원의 아들로 태어났습니다. 서북쪽 바닷가 도시인 라 코루냐<sup>La Coruña</sup>에서 자랐는데 그의 집은 몹시 가난했다고 합니다. 가정부로 일하던 그의 어머니는 어느 날 동네 식료

▶▶ 패스트 패션의 원조라 할 수 있는 자라의 매장.

품점에 들러 혹시 외상을 줄 수 없는지 물어보았습니다. 식료품점의 사장은 어머니의 간청을 거절했습니다.

어린 아만시오는 어머니의 이런 초라한 모습을 고스란히 목격했습니다. 그리고 그 뒤 다시는 학교에 가지 않았습니다. 가족의 생계를 돕기 위해 공부를 포기하고 돈을 벌기로 결심한 것입니다. 그의 나이 겨우 열 셋이었습니다.

그의 첫 직장은 셔츠를 만들어 파는 작은 가게였습니다. 그는 잔심부름과 제품 배달을 하면서 의류 사업의 생리에 대해 조금씩 알아갔습니다. 그런데 일을 하다 보니 답답한 부분들이 보이기 시작했습니다. 그를 답답하게 만든 첫 번째 이유는 완성된 셔츠가 소비자의 손에 닿기까지 너무 많은 시간이 걸린다는 것이었습니다. 최신 유행은 시시각각 바뀌는데 가게에 걸린 옷들은 소비자들이 쳐다보지도 않는 구닥다리 스타일들뿐이었으니 가게가 잘될 리가 없었습니다.

둘째, 가격이 너무 비싸다는 것이었습니다. 그가 일하던 셔츠 가게는 스페인 대도시인 바르셀로나에서 생산된 옷감을 사용하고 있었는데, 바르셀로나에서 직접 가져오는 대신 몇 군데의 도매상을 거쳐 옷감을 사고 있었습니다. 도매상 하나를 거칠 때마다 옷감에는 도매상이 남기는 이윤이 붙었습니다. 그러니 셔츠 가게가 옷감을 받을 때쯤이면 옷감 가격은 원가의 몇 배로 뛰어 있었지요. 아만시오에게는 이것이 다 쓸데없는 낭비로 보였습니다.

세월이 흘러 1975년, 아만시오는 자신의 경험을 바탕으로 새로운 의류 사업을 시작했습니다. 자라의 문을 연 것입니다.

사실 처음 그가 점찍어놓은 이름은 따로 있었습니다. 영화로도 대

히트를 친 유명 소설 『그리스인 조르바Zorba the Greek 』의 쾌활하고 낭만적인 주인공의 이름, '조르바'였지요. 간판까지 만들었습니다. 그랬더니 옆 골목 식당 주인이 득달같이 달려와 조르바라는 이름을 쓰지 말아 달라고 부탁했습니다. 알고 보니 그 식당의 이름도 조르바였던 것입니다.

아만시오는 고민에 빠졌습니다. 가게 이름이야 바꾼다고 해도 이미 만든 간판을 버리기가 아까웠습니다. 그는 짠돌이답게 간판에 쓰인 철자들을 재활용해서 이름을 새로 짓기로 했습니다. Zorba에서 Z와 r과 a를 가져오고 남겨진 b의 꼭지를 조금 때어 o에 가져다 붙였더니 Zara라는 이름의 간판이 만들어졌습니다. 아라비아 말로 '따뜻한 빛'이라는 좋은 뜻도 있었습니다.

이런 사연을 뒤로하고 가게를 개업한 아만시오는 이전까지 의류업계에 없었던 새로운 시도를 했습니다. 최신 유행을 최대한 빨리 소비자에게 전달하기로 마음먹은 것입니다.

그러기 위해서 그는 가게 근처에 직접 공장을 차렸습니다. 그가 살던 라 코루냐는 항구도시였기에 남자들은 대부분 바다로 나갔고, 여자들은 소일거리를 하면서 남편을 기다리는 것이 일상이었습니다. 육지에 남아 있는 여자들을 고용해서 바느질 일감을 주자 가난한 어부의 부인들은 열정적으로 일했습니다. 아만시오가 유행할 만한 아이템을 점찍어 보여주면 공장 직원들은 빠른 속도로 제품을 만들어냈습니다. 최신 유행을 여러 유통 단계를 거치지 않고도 소비자들에게 전달할 수 있는 시스템을 만들어낸 것입니다.

아만시오는 가게와 소비자 사이의 유통 단계를 줄이고 또 줄였습니다. 현재 자라에서 제품이 기획되고 판매점에 진열되기까지 걸리는 시간은 고작 2~3주입니다. '빠른 패션'이라는 패스트 패션의 개념이 성립되기 시작한 것이 이때부터입니다.

아만시오의 또 다른 시도는 가격 낮추기였습니다. 아무리 최신 유행 제품을 빨리 내놓는다 해도 가격이 비싸다면 부자밖에 살 수 없을 테니까요. 그는 많은 사람이 부담 없이 살 수 있는 옷을 원했습니다.

그는 제품의 가격을 낮추기 위해 온갖 노력을 했습니다. 우선 줄일 수 있는 모든 유통 단계를 제거해나갔습니다. 바르셀로나로 손수 트럭을 몰고 가 옷감 공장에서 직접 옷감을 들여왔습니다. 도매상을 거치지 않았기 때문에 훨씬 싼 값에 옷감을 들여올 수 있었습니다. 제품의 가격은 그만큼 낮아졌습니다. 광고도 최소화했습니다. 유명인이 나오는 광고는 광고비가 많이 드니까요. 광고비가 높아지면 그 광고비를 충당하기 위해 제품의 값도 비싸지게 마련입니다. 광고 비용이 절약되니 제품 가격은 더 낮아졌습니다.

몇 주 전 패션쇼에 나온 옷을 단 몇 주 만에, 그것도 싼 값에 살 수 있다니? 사람들은 열광했습니다. 부자가 아닌 사람도 유명 디자이너의 작품에 견줄 만큼 빼어난 옷을 부담 없이 입을 수 있다는 소문이 널리 퍼졌습니다.

그 뒤로는 승승장구였습니다. 1975년 작은 항구도시에서 첫 번째 가게 문을 연 자라는 1989년에 100개의 매장을 가지게 되었고, 현재는 매장 수가 전 세계적으로 1,763개에 이르는 대형 의류업체가 되었습니다. 자라의 성공을 발판으로 아만시오는 새로운 브랜드들을 차례차례 개장했습니다. 이제 그는 계열사까지 합쳐 전 세계에 6,058개의 매장을 가지고 있습니다.

외상으로 생계를 이어야 했고 고등 교육은 꿈도 꿀 수 없었던 소년은 지금 스페인의 최고 부자이자 세계에서 세 번째 가는 부자입니다. 그의 재산은 570억 달러, 우리 돈으로 60조원을 상회하지요.

자라가 거둔 놀라운 성공은 세계의 이목을 집중시키기에 충분했고, 자라를 모델로 삼은 브랜드들이 패스트 패션의 세계로 진출했습니다. 미국의 갭GAP, 포에버 트웬티 원Forever 21, 영국의 탑샵Topshop, 스웨덴의 에이치앤엠H&M, 일본의 유니클로Uniqlo, 호주의 밸리걸Valleygirl 등이 현재 최신 유행 패션을 전 세계 소비자에게 빠르게, 그리고 싸게 공급하는 패스트 패션의 선두주자들입니다.


## 가장 밝은 빛은 가장 어두운 그림자를 만들어낸다

위의 제목은 『얼음과 불의 노래』라는 소설로 유명한 조지 마틴 George R. R. Martin이라는 작가의 말입니다. 현재 패스트 패션은 끊임없이 성장하며 들판에 번지는 불처럼 밝게 타오르고 있습니다. 그러나 불꽃 아래에는 지독하게 어두운 그림자가 드리우고 있지요. 그렇다면 그 그림자 아래에서 신음하고 있는 사람은 누구일까요?

### 패스트 패션의 그림자 하나 : 창작물을 도둑맞는 사람들
첫 번째 피해자는 창작의 노고를 빼앗기는 디자이너들입니다. 열 마디 말보다 한 장의 사진을 보는 것이 더 효과적일 때가 있으니 다

❶ 안나 수이가 2007년 패션쇼에서
선보인 드레스(좌).
안나 수이의 드레스를 빼닮은
포에버 트웬티 원의 제품(우).

❷ 다이앤 본 퍼스텐버그의 원피스(좌),
포에버 트웬티 원의 원피스(우).

음의 사진을 보도록 합시다. 1번 사진의 왼쪽은 유명 디자이너 안나
수이Anna Sui가 2007년 패션쇼에서 선보인 원피스이고 오른쪽은 미국
패스트 패션 거대 기업인 포에버 트웬티 원이 판매하기 시작한 짧은
소매 티셔츠입니다.

창작이란 열정과 재능이라는 묘목에 시간과 노력이라는 거름을 뿌
려야만 얻을 수 있는 귀한 열매입니다. 그것을 도둑맞는 것은 창작자
로서 허탈한 일일 수밖에 없지요. 안나 수이가 포에버 트웬티 원을 지

적 재산권 침해로 고발한 이유입니다.

사진을 한 장 더 보겠습니다. 2번 사진의 왼쪽은 다이앤 본 퍼스텐버그Diane Von Furstenberg가 디자인한 원피스이고 오른쪽은 포에버 트웬티 원의 원피스입니다. 사진만 놓고 본다면 누가 누구의 것을 베낀 것인지 판단할 수 없을 만큼 비슷합니다. 다이앤 본 퍼스텐버그 역시 포에버 트웬티 원을 고발했지요.

크고 작은 지적 재산권 침해로 포에버 트웬티 원은 50번이 넘게 고발당했습니다. 그래도 도용을 그치지 않는 이유는 디자인을 도용해서 얻는 이익이 고발로 인해 내는 벌금보다 훨씬 크기 때문입니다.

디자이너의 작품을 참고하는 선을 넘어 통째로 베끼는 일이 패스트 패션의 세계에서 왕왕 발생합니다. 최신 유행을 무조건 빨리 제품으로 만들려고 하다 보니 디자인을 고민하고 창작하는 데 긴 시간을 들일 수 없기 때문입니다. 고발당한 업체는 '하청 업체의 잘못', '느낌이 비슷할 뿐 베낀 것은 아니다'라는 식의 말로 논란을 가라앉히려고 하지요.

### 패스트 패션의 그림자 둘 : 환경

두 번째 피해자는 우리를 둘러싼 '환경'입니다. 케임브리지대학교 연구 보고서에 따르면 영국 소비자들은 연평균 약 30킬로그램의 옷과 직물을 쓰레기 매립장에 버린다고 합니다.* 헌 것을 버린 다음에는 새 것을 사게 마련이니, 사람들은 최소한 버리는 만큼의 새 옷과 새 직물을 사들인다고 짐작할 수 있습니다.

시중에 판매되는 티셔츠의 무게는 150그램에서 200그램 사이입니다. 평균 175그램이라고 생각했을 때, 30킬로그램은 티셔츠 약 171벌의 무게입니다. 값싸게 공급되는 패스트 패션이 인기를 얻을수록 더 많은 옷이 소비되고, 더 많은 옷이 버려지게 됩니다. 자원의 낭비와 환경에 미치는 악영향이 걱정되는 부분입니다.

*
이 계산은 오직 영국의 자료에 근거한 단순계산이므로 대표성을 가지지는 않습니다. 의류 소비와 폐기량은 다양한 변수들에 영향을 받습니다. 소득 수준, 생활 방식, 재활용 여부, 패션 몰입도 등이 그 예이며 기후 또한 중요한 변수입니다. 사계절이 있는 나라와 1년 내내 여름인 나라의 의류 소비량에는 차이가 있다는 것도 감안해야 합니다.

### 패스트 패션의 그림자 셋 : 사람

마지막, 가장 극심한 피해를 입고 있다고 해도 과언이 아닌 피해자는 직접 옷을 만드는 공장 노동자들입니다. 패스트 패션은 제품의 가격을 최대한 낮추어 빨리, 많이 판매하는 데 목표를 두고 있습니다. 패스트 패션 기업들 사이에서도 경쟁이 치열해지면서 원가를 줄이기 위한 노력은 점점 거세지고 있습니다.

그렇기 때문에 패스트 패션 기업들은 방글라데시나 베트남, 인도 같은 나라에서 옷을 만듭니다. 굳이 본사에서 먼 외국에서 옷을 만드는 이유가 뭐냐고요? 방글라데시의 비숙련 봉제 노동자가 받는 임금은 시간당 160원에 불과하기 때문입니다. 열 시간씩 30일을 꼬박 일해도 5만 원을 채 받을 수가 없는 수준이지요. 기업 입장에서는 옷을 만드는 데 드는 인건비가 줄어드는 만큼 옷값을 내릴 수 있습니다.

옷이나 신발을 만드는 일에는 특히 어린 소년 소녀들이 많이 고용됩니다. 소년 소녀들의 손재주가 어른들보다 특별히 좋기 때문일까요? 아닙니다. 어른에게보다 적은 돈을 주고 더 많은 일을 시킬 수 있기 때문입니다. 어린 노동자들은 어른 고용주가 부당한 대우를 해도 섣불리 저항하지 못하고 그렇기 때문에 더 힘든 일, 더 많은 일을 시키기가 쉽습니다.

그러다 보니 인권 침해가 빈번하게 발생합니다. 2007년, 인도에 위치한 '갭'의 봉제 하청 공장에서는 열두 살 남짓의 아이들이 일을 하다가 발각되었습니다. 새벽부터 밤까지 최소 열여섯 시간을 재봉틀에 붙어 앉아서 말입니다.

그렇게 일하면 얼마를 받을까요? 놀랍게도 월급은 한 푼도 없었다고 합니다. 공장 관리자들은 아프고 힘들어 우는 아이를 고무 파이프로 때리거나 아이의 입에 걸레를 물려 울음을 그치게 했다고 합니다. 이 사건이 보도되면서 갭은 인도 공장에 하청을 주는 것을 그만두었습니다. 하지만 갭은 캄보디아에서도 어린이들에게 과중한 일을 시키다가 발각된 적이 있습니다. 하청 공장만 옮기면 또 언제든 사람들의 눈을 피해 노동력을 착취할 수 있는 것입니다.

이런 사례들은 셀 수 없이 많습니다. 여성 노동자들에게는 강제로 피임약을 먹이기도 했습니다. 아이를 낳으면 몸조리를 하는 동안 일을 할 수 없기 때문입니다. 화장실 문을 잠가놓기도 합니다. 용변 보는 시간도 아껴 일하라는 놀라운 배려(?)입니다.

염색약이나 표백제 같은 독성이 강한 화학 약품도 맨손으로 다루어야 했습니다. 장갑 같은 단순한 안전 도구조차 지급되지 않는 경우가 빈번하다고 합니다.

지금 이야기하고 있는 일은 몇 십 년 전에 일어났던 과거의 일이 아닙니다. 온두라스, 베트남, 방글라데시, 우즈베키스탄, 인도, 중국 등등 이름을 열거할 수 없을 만큼 많은 저개발 국가에서 현재 진행형으로 벌어지고 있는 일들입니다.

▶▶ 낙후된 시설에서 수제 직물을 만들고 있는 어린이 노동자들.

## ¦ 라나플라자의 비극

방글라데시에 라나플라자라는 건물이 있습니다. 아니, 있었습니다. 은행과 상점, 그리고 패스트 패션 제품을 생산하는 봉제 공장 다섯 업체가 입주한 건물이었습니다. 어느 날 라나플라자에서는 안전 검사 가 이루어졌고, 빌딩 전체에 금이 가 있다는 것을 알게 되었습니다. 사람들은 모두 대피했습니다. 은행과 상점의 직원들은 출근도 하지 않았지요.

하지만 봉제 공장에 다니던 직원들은 불안감을 억누르며 출근해야 만 했습니다. 일하러 나오지 않으면 한 달치 월급을 깎아버리겠다는 협박을 이길 수 없었기 때문입니다.

이미 금이 간 건물 안에서 기계들이 굉음을 울리며 돌아가기 시작했습니다. 어떻게 되었을까요? 금이 투둑투둑 벌어지기 시작하더니 급기야 건물이 무너져 내렸습니다. 재봉틀을 돌려 생계를 잇던 노동자들의 머리 위로……. 2013년 4월 24일, 라나플라자 붕괴 사고로 2,500명이 부상당했고, 1,129명이 사망했습니다.

일부 비싼 명품을 제외하면 의류 제조 산업은 부가가치가 그다지 높지 않습니다. 부가가치란 생산 과정에서 새롭게 부가되는 가치라는 뜻으로, 부가가치가 높지 않다는 것은 원재료에 노동력을 투자해서 만들어낸 최종 제품의 가격이 그다지 높지 않다는 뜻입니다. 의류의 경우 원단이 옷으로 변하는 과정에서 사람의 손이 많이 가는데도 불구하고 제품의 가격은 그다지 높지 않습니다. 한마디로 '저부가가치 산업'이라고 할 수 있습니다. 고부가가치 산업의 사례로는 시계, 특히 스위스의 시계 제조업을 들 수 있습니다. 몇 만 원 정도 하는 스테인리스 스틸 재료에 고도의 기술과 숙련된 노동력을 투입하여 몇 억 원을 호가하는 완성품을 만들어내니까요.

부가가치가 낮은 만큼 의류 제조 산업은 노동자들의 복지에 많은 돈을 투자하지 않습니다. 따라서 위에 열거한 사례들이 온전히 패스트 패션 열풍의 결과라고만은 할 수 없습니다. 하지만 우려를 할 수밖에 없는 것은 가격 경쟁과 빠른 속도에만 집착하다 보면 노동자들의 노동환경 개선에는 점점 더 인색해 질 수밖에 없기 때문입니다.

❶ 붕괴된 라나플라자의 모습.
❷ 라나플라자 붕괴 현장에서 가족을 찾고 있는 사람들.

## 옷, 속도와 가격이 전부일까?

내가 입을 옷을 만들기 위해 어린아이들이 잠을 아껴가며, 심지어는 매까지 맞아가며 일하고 있다고 생각하면 아무리 예쁘더라도 그 옷을 입고 싶은 사람은 많지 않을 것입니다. 왜냐하면 사람에게는 측은지심惻隱之心, 즉 남을 불쌍히 여겨 괴로워할 줄 아는 선한 마음이 있기 때문입니다.

지나친 옷 소비가 환경을 오염시킨다는 것을 알고 나니 그것도 마음이 편치는 않습니다. 남의 창작물을 도둑질하는 것도 마찬가지입니다. 누구라도 정의롭지 못한 일에는 반대하고 싶어집니다.

그렇다면 우리는 어떻게 해야 할까요? 좀 더 '정의롭게' 옷을 입고 싶다면 못 할 것도 없습니다. 가장 먼저 할 수 있는 일은 되도록 불필요한 옷을 사지 말고, 한번 산 옷을 오래 입으며 낡은 옷은 가급적이면 재활용하는 것입니다. 환경에 이로울 뿐 아니라 경제적으로도 이익이 되겠지요.

여럿이 힘을 합쳐 할 수 있는 일도 있습니다. 바로 소비자로서의 권리를 찾는 것입니다. 무슨 말인지 모르겠다고요? 소비자는 제품에 대해서 알 권리가 있습니다. 소재가 무엇이고 가격이 얼마인지와 같은 간단한 정보만이 제품 정보의 전부는 아닙니다. 소비자라면 내가 구입하는 제품을 누가 만들었는지, 어떤 환경에서 만들었는지, 그 과정에서 심각한 환경오염이나 인권 침해는 없었는지에 관한 정보까지도 요구할 수 있습니다.

물론 한 사람의 목소리만으로는 힘들 것입니다. 하지만 여러 사람

28

이 함께 요구한다면 기업들은 그 요구에 응할 수밖에 없게 됩니다. 제품을 만드는 과정이 떳떳하지 못한 회사는 자세한 정보를 공개하기 꺼려하겠지요. 그런 회사의 제품은 과감히 거부하고 투명한 정보를 제공하는 회사의 제품을 구매한다면 많은 문제들이 해결될 수 있습니다. 소비자인 우리에게는 품질만이 아니라 윤리적으로도 더 뛰어난 제품을 구매할 권리가 있고, 이 권리를 누리기 위해서는 투명한 정보 공개가 이루어져야 합니다.

각각 다른 회사에서 만든 두 벌의 청바지가 있다고 합시다. 한 벌은 언제 무너질지 모르는 위험한 공장에서 노동자에게 제대로 된 급여도 제공하지 않고 각성제 복용을 강요하며 만든 것이고, 한 벌은 안전한 환경에서 적법하고 정당한 절차를 거쳐 만든 것입니다.

다른 단서 없이 어느 쪽을 구매하고 싶은지 묻는다면 대부분은 후자를 선택할 것입니다. 그렇다면 한 가지 단서를 더 달아봅시다. 정당한 임금과 안전한 노동환경을 보장하려다 보니 후자의 제품이 전자의 제품보다 더 비싸졌다면? 그래서 똑같은 품질의 옷을 더 비싼 값으로 사야 한다면 그때는 어느 쪽을 선택할 건가요?

윤리적인 소비는 단순히 정의감과 윤리 의식만으로는 이루어지지 않습니다. 생산자가 자신이 한 일에 대해 정당한 대우를 받기 위해서 소비자는 경제적으로 더 큰 소비를 해야 할 때도 있습니다. 정말 윤리적인 소비를 하고 싶다면 이처럼 현실적인 문제를 함께 고민해보아야 합니다.

미국과 유럽 등에서는 이미 의류 제품 생산 과정에 대한 정보를 의무적으로 공개하는 방안이 논의되고 있습니다. 윤리적인 소비를 이끌어내려는 시도입니다.

우리나라에서도 이런 논의가 시작될 날이 얼마 남지 않았습니다. 어떤 소비자가 될지, 그때 어떤 목소리를 낼지는 옷을 입는 우리들 각자의 몫입니다.

# 목화로 만든 옷은 친환경적일까?
## –
## 에코 패션

## 오늘의 뉴스 *News*

||||||||||||||||||||||||||||||||||||||||||||||||||||||||||||||||||||||||||||||||||||||||||||||||||||||||

옷이 환경오염의 큰 원인으로 부상했다. 싸게 사서 빨리 버리는 패스트 패션이 대두된 이후로 이전에 비해 버려지는 옷이 크게 늘어났다. 환경부에서는 2010년 기준, 한국에서만 한 해 동안 약 6만 4,057톤의 옷이 버려졌다고 밝혔다. 이것은 보통 청바지 6,406만 장에 해당한다. 쓰레기로 버려지는 옷이 갑작스레 몇 배로 늘어나며 그 처리가 쉽지 않다.

옷을 만드는 과정에서 발생하는 오염도 상당하다. 청바지 한 벌을 만드는 데는 1,500리터의 물이 필요하다. 각종 옷감을 만들고 염색에 사용되는 화학 물질이 배출되는 폐수 역시 고스란히 자연으로 돌아온다.

## ✂ 목화 재배는 어떻게 시작되었을까?

그림을 잘 살펴보세요. 그리고 수수께끼를 하나 풀어봅시다.

작은 나무에 열매가 열려 있습니다. 이것은 무슨 나무를 표현한 것일까요? 열매가 열려 있어야 할 자리에 털이 복슬복슬한 양이 매달려 있습니다. 양이 열리는 나무라니, 세상에 그런 나무가 어디 있냐고요?

정답은 '목화'입니다. 목화는 독특하게도 꽃이 지고 나면 씨앗과 함께 보송보송한 솜털이 열리는 식물입니다. 그 솜털은 우리가 두루 사용하는 옷감인 '면'을 만드는 소재가 되지요. 아마 이 책을 읽는 독자 중에서 목화밭을 직접 본 사람은 많지 않을 겁니다. 하지만 사진이나 영화로 목화를 접하는 것은 그리 어려운 일이 아닙니다.

이 그림은 1300년대 중반 유럽에서 출판된 책 『존 맨더빌의 여행기』에 나오는 그림입니다. 당시 사람들이 목화를 어떻게 상상했는지가 잘 나타나 있습니다. 작은 양이 나뭇가지에 매달려 있다가 배가 고파지면 부드러운 가지를 끌고 풀밭까지 내려옵니다. 양은 풀을 뜯어 먹으면서 점점 크게 자라납니다. 1300년대 사람들은 그렇게 자란 양의 털을 깎아놓은 것이 목화솜이라고 생각했습니다. 목화 나무를 실제로 보지 못한 상태에서 동방에서 수입한 솜만을 보았기 때문입니다. 독일에서는 솜을 바움뷜레Baumwolle, 즉 '나무양털'이라고 불렀습니다.

우리나라에 목화를 도입한 사람은 고려 후기의 문신 문익점[1329~1398]입니다. 문익점이 원나라에 사신으로 갔다가 목화 씨앗을 붓두껍에 몰래 숨겨 가지고 들어왔다는 이야기를 들은 사람이 많을 것입니다. 하지만 이 이야기는 문익점의 노력을 돋보이게 하기 위해 후세에 덧붙여진 이야기입니다.

사실 문익점이 정말 어려움을 겪은 부분은 목화씨를 들여오는 일이 아니라 재배하는 일이었습니다. 목화의 원산지는 인도 같은 따뜻한 나라여서 비교적 기후가 추운 우리나라에서는 잘 자라지 않았기 때문입니다. 문익점이 처음 심은 씨앗은 모두 말라 죽어버렸다고 합니다. 목화솜으로 백성들에게 따뜻한 옷을 입히고 싶었던 그의 소망도 함께 주저앉았지요. 하지만 문익점에게서 씨앗을 나누어 받은 장인 정천익은 여러 씨앗 중 딱 한 그루에서 꽃을 피우는 데 성공합니다. 꽃을 피운다는 것은 씨앗을 얻을 수 있게 된다는 의미입니다. 한 송이의 꽃이 백여 개의 씨앗을 만들었고, 그 백여 개의 씨앗이 또 몇 배수의 씨앗을 남기면서 우리나라에서도 드디어 본격적인 목화 재배가 시작되었습니다. 고려 공민왕이 재위하던 1367년의 일이었습니다.

문익점은 목화를 한반도에 들여온 공을 인정받아 세상을 떠난 뒤에도 태조·태종·정조 등 많은 조선의 왕들로부터 잇달아 벼슬과 작위를 받았습니다. 특히 세종대왕은 부민후富民侯, 즉 '백성을 부유하게 만든 이'라는 칭호를 내렸는데, 당시로서는 대단한 영광이었습니다.

목화에서 딴 솜으로 실을 짓고, 그 실로 짠 직물이 무명입니다. 요즘 말로는 면직물이라고 하지요. 면직물이 일반화되기 전, 우리 민족은 삼베옷을 주로 입었습니다. 삼베는 마직물이라고 합니다.

마직물은 말 그대로 식물인 '마'에서 얻은 직물입니다. 마는 농부의 손길이 없어도 쑥쑥 잘 자라기 때문에 손쉽게 얻을 수 있었습니다. 하지만 손쉽게 얻을 수 있는 대신 부족한 부분이 많은 옷감이었습니다.

말린 마의 껍질을 짓이기면 마직물의 재료가 되는 마섬유가 나옵니다. 이 마섬유는 가늘고 부드럽지 못하기 때문에 섬세한 직물을 짜기에는 어려웠습니다. 천이 성글기 때문에 여름에는 통풍이 잘 되어 시원했습니다. 하지만 매서운 겨울바람을 막아줄 수는 없었습니다.

게다가 직물이 투박하다 보니 옷으로 만들어 입었을 때 촉감이 매우 거칠었습니다. 겉옷뿐 아니라 속옷까지 이런 섬유로 만들어야 한다면? 옷에 닿는 피부에도 좋지 않겠지요?

하지만 목화에서 나오는 솜은 그야말로 옷을 위한 최고의 재료였습니다. 목화솜으로 만든 면직물은 우선 마직물에 비해 추위를 막아주는 성능이 우수했습니다. 섬세하게 직조해 바람을 막을 수 있었고 솜을 안에 넣고 누비면 더 따뜻해졌습니다. 그리고 마직물과는 비교할 수 없을 만큼 부드러워서 속옷은 물론 아기의 귀저기감으로도 사용했습니다. 땀도 잘 흡수했습니다.

면직물이 얼마나 우수한지 알고 싶으면 지금 우리가 입고 있는 옷의 소재를 살펴보면 됩니다. 아마 속옷의 대부분은 '면'으로 만들어져 있을 것입니다. 청바지, 티셔츠, 양말 등의 주재료도 바로 면입니다.

인류가 몇 천 년 전*부터 입기 시작한 재료를 과학기술이 발달한 오늘날까지 입는다는 것은 정말 놀라운 일입니다. 그 어떤 합성섬유도 아

* 인류가 목화를 사용하기 시작한 것은 약 7천 년 전부터입니다. 인도와 멕시코에서 가장 오래된 면섬유가 발견되어, 이 두 지역을 목화의 원산지이자 가장 오래된 면 사용 문화권으로 추측하고 있습니다.

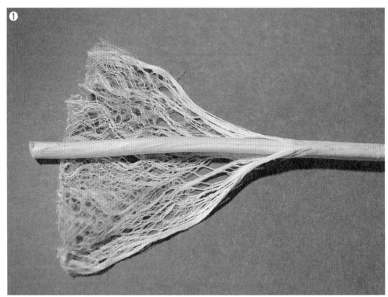

❶ 말린 마의 껍질을 짓이기면 나오는 마섬유.
❷ 솜이 맺힌 목화밭의 전경.

직까지 면을 완전히 대체하지 못한다는 뜻이니까요. 거친 베옷만 입던 사람들이 면이라는 훌륭한 소재를 처음 전해 받고, 의(衣)생활에 획기적인 변화를 겪었을 때의 감동은 어느 정도였을까요? 왕들이 문익점을 칭찬한 것도 당연한 일입니다.

유럽에서 면섬유를 사용하기 시작한 것은 1300년대 중반부터인데 그들도 우리처럼 면직물을 열렬히 사랑하게 되었습니다. 면이 도입되기 전 유럽인들은 주로 양털을 이용해 옷을 지었습니다. 양털 또한 좋은 옷감이긴 했지만 면이 가진 부드러움과 쾌적함은 단연 특별했습니다.

이처럼 많은 사람들에게 사랑받았던 목화. 그런데 언젠가부터 목화가 사람들에게 비판을 받고 있습니다. "목화가 환경을 파괴하고 있다!"라고 말입니다.

## 목화가 환경의 적?

목화가 환경을 파괴하고 있다니? 자연 속의 식물에서 얻은 천연섬유가 왜 환경을 파괴한다는 것일까요?

그러나 안타깝게도 목화가 환경을 파괴한다는 말은 어느 정도 사실입니다. 목화를 대량 재배하기 위해서는 엄청나게 많은 농약을 필요로 하기 때문입니다.

전 세계인이 면으로 만든 옷을 입으면서 목화 수요는 감당할 수 없을 만큼 많아졌습니다. 이 수요를 감당하기 위해 많은 목초지가 목화밭으로 개간되었습니다.

생산량을 늘리기 위해 농약도 사용하게 되었습니다. 그중에는 아주 독한 농약들도 있습니다. 목화 재배에 흔히 사용하는 알디카브Aldicarb라는 농약은 피부에 소량만 스며들어도 그 즉시 사망하게 되는 맹독입니다. 이외에도 파라티온Parathion, 메타미도포스Methamidophos, 클로르플루아즈론Chlorfluazuron 등 고위험 농약들을 비행기로 밭에 뿌리는 것이 목화 재배의 일상적인 모습입니다.

전 세계 경작지의 약 2.5% 정도가 목화밭입니다. 목화밭에 뿌려지는 살충제의 양이 전 세계 살충제 사용량의 약 22%를 차지한다고 합니다. 그 어떤 농작물보다 많은 농약을 사용한다는 이유로 목화를 '세계에서 가장 더러운 농작물'이라고 말하는 사람이 있을 정도이니 말 다했죠?

1995년, 미국 앨라배마 주에서는 목화밭에 뿌린 농약이 빗물에 쓸려 강으로 흘러들어갔습니다. 그 영향으로 약 24만 마리의 물고기가 죽었습니다. 텍사스에서는 붉은부리갈매기들이 떼죽음을 당했습니다. 그 역시 목화밭에 뿌린 농약 때문이었습니다. 호주에서는 1994년, 목화밭 인근에서 생산된 쇠고기에서 클로르플루아즈론이 검출되었습니다. 사람이 먹을 수 없는 고기가 된 것입니다.

또한 목화 재배에는 엄청난 양의 물이 필요합니다. 목화 농사를 짓기 위해선 관개사업이 그 무엇보다 우선시됩니다. '가장 목마른 농작물', 목화의 또 다른 별명입니다. 특히 중앙아시아 지역은 목화 재배를 위해 세계 4대 호수인 아랄 해Aral Sea의 물을 지나치게 끌어다 써 호수가 거의 말라붙어버렸습니다. 유엔UN은 이 사태를 "20세기 최고의 재난"이라 설명한 적 있습니다.

## ⁞ 환경을 생각하는 패션 등장!

'대량 생산과 대량 소비의 시대에 목화가 과연 적합한 재료일까?' 사람들은 생각했고 대안을 찾기 시작했습니다. 이때부터 에코 패션eco fashion이라는 개념이 널리 퍼지게 됩니다.

에코 패션이란 생산과 소비는 물론 사용하는 전 과정에서 환경에 미치는 영향을 최소화한 패션 제품, 혹은 그 제품을 만드는 생산 과정 전체를 아우르는 말입니다. 그렇다면 친환경적인 섬유 재료들에는 어떤 것들이 있을까요?

### 대나무

요사이 대나무가 옷의 훌륭한 재료라는 사실이 많이 알려지고 있습니다. 사실 대나무는 오래전부터 패션 제품을 위한 재료로 쓰였답니다. 다음 쪽의 그림을 봅시다. 신인상주의를 대표하는 프랑스 화가 조르주 쇠라Georges Pierre Seurat, 1859~1891의 작품 〈그랑드자트 섬의 일요일 오후〉입니다. 가장 오른쪽에 서 있는 여자의 치마를 보면 엉덩이 부분이 뒤로 봉긋하게 튀어나와 있지요?

저렇게 엉덩이를 과장되게 강조한 방식을 '버슬Bustle 스타일'이라고 합니다. 1800년대 후반 유럽에서 유행했습니다. 엉덩이를 툭 튀어나와 보이게 하기 위해서 여자들은 버슬이라는 허리 받침대를 치마 밑에 입고 다녔는데, 그 버슬의 재료가 바로 대나무였습니다. 또한 허리를 가늘어 보이게 하기 위해 입던 코르셋에도 대나무가 쓰였다고 하니 패션과 대나무는 오랜 연관이 있다고 할 수 있지요.

▸▸ 1800년대 후반에 유행한 버슬 스타일의 특징을 잘 보여주는 조르주 쇠라의 작품.
버슬의 재료로는 대나무·철사·고래수염 등이 쓰였다.
〈그랑드자트 섬의 일요일 오후〉, 조르주 쇠라, 1886, 시카고 아트 인스티튜트 소장.

예전에는 대나무 자체로 패션 소품을 만들었지만 요즘은 대나무의 섬유소 성분을 뽑아내 이용하고 있습니다. 대나무의 섬유소는 레이온과 같은 직물의 재료입니다.

대나무가 환경에 좋은 옷의 재료로 꼽히는 이유는 다양합니다. 우선 대나무는 생명력이 강해 농약을 필요로 하지 않습니다. 제2차 세계대전 후기 일본 히로시마에서 원자폭탄이 터졌을 때, 주변에 있던 다른 나무들은 모두 괴사했지만 대나무만은 살아남았다는 이야기가 전해질 정도입니다.

대나무를 키우는 데는 물도 많이 필요하지 않습니다. 물 부족 국가가 늘어나고 있는 요즘이기에 더 주목할 만합니다. 또 대나무는 성장이 매우 빠릅니다. 어린 대나무의 경우 하루에 1미터까지도 자란다고 하니 정말 놀라운 속도지요? 농약을 치지 않아도 되고 물도 많이 필요하지 않으며 빨리 자라 충분한 공급이 가능한 대나무. 정말 매력적인 재료가 아닐 수 없습니다.

## 마

다음으로 주목받고 있는 재료는 마입니다. 그렇습니다. 우리 민족이 오랫동안 입어온 그 마직물의 재료입니다.

앞서 말한 바와 같이 마는 특별한 관리가 없어도 잘 자랍니다. 대나무와 마찬가지로 물과 농약을 그다지 필요로 하지 않기 때문에 친환경적인 재료라고 할 수 있습니다. 섬유 가공 기술이 부족했던 옛날에는 거친 마직물을 그냥 입어야 했지만 요즘에는 이런 단점을 보완한 제품이 많이 나오고 있으며, 대나무 가공처럼 마의 섬유소를 추출

해서 섬유를 만들면 면직물만큼이나 부드러운 직물도 만들 수 있다고 합니다. 같은 면적의 땅에 심었을 경우 마는 목화보다 2.5배나 많은 직물을 산출한다고 하니 생산성도 우수하지요.

이외에도 일년생 풀인 '아마<sup>flax</sup>'나 선인장처럼 생긴 '아가브 <sup>agave</sup>', 우리가 흔히 보는 콩 등 자연을 둘러보면 친환경적인 섬유 재료가 생각보다 많습니다.

하지만 여기서 짚고 넘어가야 할 사실이 있습니다. 친환경 패션을 결정하는 조건에는 '어떤 재료를 선택하느냐' 뿐만 아니라 '얼마나 노력하는가'도 포함되어 있다는 점입니다.


## ✗ 가짜 친환경, 진짜 친환경?

분명 대나무는 친환경적인 소재입니다. 하지만 딱딱한 나무를 녹이고 섬유소를 뽑아내는 과정에서 수산화나트륨이나 이황산탄소 등 유독성 화학물질이 사용됩니다.

섬유를 만들고 난 뒤 나온 부산 물질들을 강이나 대기에 그대로 흘려버린다면? 대나무가 친환경적이라고 해서 대나무로 만든 제품까지도 친환경적이라고 말할 수 있을까요? 위에서 언급한 다른 재료들도 마찬가지입니다. 만드는 과정에서 공해가 생긴다면 그것을 에코 패션이라고 부를 수 있을까요? 그렇다면 어떻게 해야 에코 패션을 실천했다 말할 수 있을까요?

## 제조 공정의 차이

대부분의 섬유 제조 공정은 두 가지, 개방형 순환 시스템open-loop system과 폐쇄형 순환 시스템closed-loop system으로 나눌 수 있습니다.

개방형 순환 시스템은 쉽게 말해 열려 있는 시스템이라는 뜻입니다. 제품을 만든 뒤 그 찌꺼기를 밖으로 배출합니다. 이와 반대로 폐쇄형 순환 시스템은 제품을 만들되 되도록 화학 약품을 적게 사용하고 남은 찌꺼기를 재활용해서 밖으로 오염물질을 배출하지 않습니다.

환경에 더 이로운 것은 당연히 폐쇄형 순환 시스템입니다. 하지만 많은 공장들은 비용이 많이 든다는 이유로 이런 친환경적인 방법을 도입하지 않고 있습니다. 그러면서도 친환경 식물을 원료로 썼다는 이유만으로 자사의 상품을 에코 상품이라고 홍보합니다. 전혀 친환경 적이지 않은 친환경 제품들이 넘쳐나는 이유입니다.

## 노력의 차이

그렇다면 진정한 의미의 에코 패션은 무엇일까요? 에코 패션의 범주에는 제품은 물론 환경을 생각하는 방법과 노력까지도 포함된다고 말했습니다.

에너지를 사용하면 이산화탄소가 발생합니다. 따라서 환경을 지키기 위해서는 에너지를 가능한 한 적게 써야 합니다.

메가줄MJ이라는 에너지 측정 단위가 있습니다. 티셔츠 한 장을 만들 때 사용되는 에너지는 약 24메가줄 정도입니다. 1메가줄은 1톤짜리 물체를 시속 160킬로미터로 날려 보낼 수 있는 에너지입니다.

생각보다 드는 에너지가 커서 놀랍다고요? 우리가 티셔츠 한 장을 입으면서 쓰는 에너지 양을 알게 되면 더욱 놀라게 될지도 모릅니다.

우리가 새 셔츠 한 벌을 낡을 때까지 입는 동안 필요한 총 에너지는 65메가줄 정도입니다. 셔츠 한 장을 섭씨 60도의 물에서 세탁한 다음 자동 건조를 하고, 다림질까지 마쳤다고 가정했을 때 소비되는 에너지입니다. 자주 빨고 자주 다린다면 소비할 때 발생하는 에너지는 더 커질 것입니다.

이 사실은 무엇을 의미할까요? 친환경적으로 만들어진 제품도 어떻게 소비하느냐에 따라 친환경적이지 않을 수 있다는 것입니다.

따뜻한 물을 사용해 빨래를 하려면 물을 데우기 위한 에너지가 필요합니다. 드럼세탁기나 자동 건조기, 제습기 등을 사용해 옷을 말리면 공기를 데우기 위해 에너지를 사용합니다. 다림질할 때도 역시 에너지가 소비되고 있습니다.

이 과정에서 에너지를 줄이기 위한 노력을 한다면 어떻게 될까요? 예를 들어 조금 귀찮더라도 셔츠 한 장 정도는 세탁기 대신 손으로 빨거나 건조기를 이용하는 대신 햇볕에 널어 말린다면 에너지 소비량은 당연히 줄어들 것입니다. '에코 패션'이라고 이름 붙이기 위해서는 이런 노력을 빼놓을 수 없습니다.

또 한 가지 중요한 것이 있습니다. 2010년에 방송된 예능 프로그램 〈무한도전〉 '나비효과' 편에서는 지구 온난화의 심각성을 다루었던 적이 있습니다. 방송 말미에서 버려진 현수막이나 수명을 다한 지하철 광고판으로 가방이나 지갑을 만드는 장면이 등장했는데, 정말로 환경을 생각한다면 어떤 물건을 살까를 고민하기보다는 버려지는 물건에 보다 관심을 가져야 한다는 것을 잘 보여준 일화였습니다.

일반 회사든 친환경을 자처하는 회사든 모든 회사들은 가릴 것 없이 그들이 만든 제품을 소비자에게 팔기 위해 최선의 노력을 다하고 있습니다. 경우에 따라서는 과장 광고를 하는 경우도 생깁니다.

에코 패션에 관심이 있는 사람이라면 꼭 기억해야 합니다. 어떤 것이 되었든 새로운 물건을 구매하는 행동이 '친환경적'이기란 쉽지 않다는 것을. 하지만 가지고 있는 것을 어떻게 사용하고, 어떻게 버리는가에 조금만 더 주의를 기울인다면 보다 환경 친화적인 패션을 실행할 수 있을 것입니다.

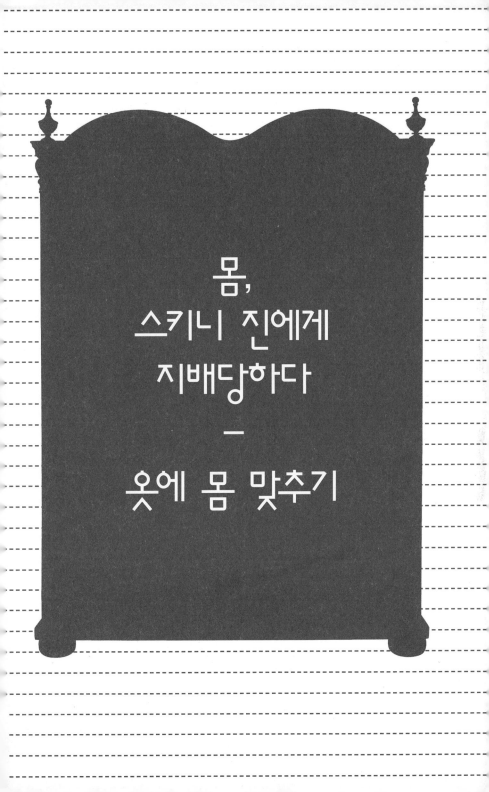

몸,
스키니 진에게
지배당하다

—

옷에 몸 맞추기

패션계의 '마른 모델 퇴출' 움직임이 심상치 않다. 2006년 9월, 스페인 마드리드 시의회는 BMI 18 이하 모델의 패션쇼 무대 출연을 금지했다. 마드리드에서는 매년 '파사렐라 시벨레스'라는 패션 박람회가 열린다. 스페인 패션디자이너협회는 전해 박람회 패션쇼에 출연했던 모델 중 최대 40% 정도가 시의회가 정한 기준치에 미달한다고 밝혔다. 마드리드의 조치 이후 이스라엘·이탈리아·미국·영국 등지에서도 지나치게 마른 모델들의 활동을 제한하기 시작했다. 이는 몸매 관리에 압박감을 느끼고 지나친 체중 감량을 시도하던 모델들이 연이어 목숨을 잃었기 때문이다. 나아가 패션모델을 동경하거나 역할모델로 삼고 있는 젊은 여성들이 건강을 해치며 체중 감량을 하는 것을 방지하기 위해서이기도 하다.

1980년대까지 대표적인 남성상은 어떤 모습이었을까요? 1980년대 초반 세계적인 인기를 끌었던 영화 〈람보〉(1982)와 〈코난〉(1981)의 주인공을 보면 쉽게 알 수 있습니다. 우락부락한 근육, 야성미가 느껴지는 얼굴, 말보다 주먹이 앞서는 주인공들. 쉽게 말해 박력 있는 '마초Macho'가 당시의 '대세남'이었습니다.

마초란 스페인어에 기원을 두고 있는 말인데 육체적 힘이 강하고 지배적이며 공격적인 남성을 뜻합니다. 남성이 여성을 지배하는 사회의 문화적 산물이었지요. 그런 사회 분위기 속에서 남성들은 람보 같은 근육까지 가지지는 못하더라도 외모에 있어 여성들과 차이점을 두려고 노력했습니다. 조금만 외모에 관심을 가져도 남자답지 못하다는 비아냥을 들어야 했기 때문에 여성의 전유물로 여겨졌던 성형, 화장은 물론 패션에 관심을 두는 것조차도 남성들에게는 암묵적인 금기였습니다.

하지만 시간이 흐르며 이상적인 남성상도 조금씩 바뀌기 시작합니다. 메트로섹슈얼metrosexual이라는 말을 들어본 적 있나요? 메트로섹슈얼이란 1994년 문화비평가 마크 심슨Mark Simpson이 최초로 제시한 소비자 유형입니다. 도시에 살면서 여유로운 경제력을 바탕으로 패션과 쇼핑, 그리고 자기 가꾸기에 많은 관심을 가지고 있는 남성을 가리킵니다. 세계적으로 유명한 축구선수 데이비드 베컴David Beckham을 비롯, 연예계나 스포츠계에 종사하는 미모의 남성들이 예쁜, 혹은 섹시한 남성상을 만들어내며 '메트로섹슈얼'의 역할모델이 되어주었습니다.

어느새 우락부락한 근육의 시대는 가고 내면에 있는 여성성을 최대로 표출하는 것이 더 매력적인 남자로 인식되는 시대가 도래했습니다. 남성 소비자들이 화장과 성형, 그리고 패션에 지대한 관심을 가지기 시작하면서 그와 관련한 산업도 중흥기를 맞습니다. 〈지큐GQ〉, 〈아레나 옴므 플러스Arena Homme Plus〉, 〈에스콰이어Esquire〉와 같은 남성 패션 잡지가 연달아 출간되었고, 남성 화장품 시장 역시 급속도로 성장했습니다.

전 세계에서 남성 화장품이 가장 많이 판매되는 나라는 어디일까요? 바로 한국입니다. 2012년, 우리나라 남성들은 화장품 구매에 약 6,300억 원을 사용하면서 화장품 구매 순위 세계 1위를 차지했습니다. 2위는 중국으로 약 6,100억 원 정도를 남성 화장품 비용으로 사용했습니다. 중국의 남성 인구는 우리나라 남성 인구의 약 27배 정도이니 한국 남성의 1인당 화장품 지출 비용은 중국 남성의 27배가 훌쩍 넘는다고 할 수 있겠습니다.

거친 남자에서 예쁜 남자로. 왜 이런 변화가 일어난 것일까요? 이유에 대해서는 여러 측면에서 설명이 나오고 있습니다.

우선 남녀 간 경제 균형의 변화에서 그 원인을 찾을 수 있다고 합니다. 오랫동안 경제권은 남성에게 집중되어 있었고 여성의 노동력은 집안 살림을 하는 데 치중되었습니다. 그러나 제2차 세계대전이 그 판도에 변화를 불러옵니다. 긴 전쟁으로 많은 남성들이 전장으로 향하자 사회를 유지하던 기존 노동력을 여성으로 메울 수밖에 없게 된 것입니다. 여성의 경제 참여가 활발해지자 남녀 간의 소득 격차가 현저하게 줄어들었습니다. 남성이 여성을 경제력으로 지배하는 시대가 지나간 것입니다. 경제력만으로도 여성들에게 매력을 어필할 수 있었던 남성들은 이제 경제력 외의 다른 부분으로도 여성들에게 어필할 필요가 생겨났습니다. 그래서 외모를 꾸미기 시작했다는 이야기입니다.

옛날에 비해 일자리를 구하기 힘들어지면서 좋은 첫인상을 위해 외모를 가꾸는 문화가 남성들 사이에서도 일반화되었다고 말하는 사람들도 있습니다. 개인의 업무적인 성공에 보다 뛰어난 외모가 영향을 미친다는 인식이 생기면서 남성들도 외모를 다듬기 시작했다는 의견도 있습니다. 건강과 개인의 행복을 중시하면서 자기 자신을 돌보는 문화가 확산되었기 때문이라는 의견, 육체의 힘이 더 큰 노동력과 높은 소득을 담보하던 옛 농공업 중심 사회와 오늘날 사회는 다르기 때문이라는 의견도 있습니다.

어떤 이야기가 옳은지 섣불리 단정 지을 수는 없습니다. 제시된 모든 이유가 종합적으로 작용한 것일 수도 있습니다. 다만 분명한 것은 과거의 남성상과 지금의 남성상은 크게 다르다는 것입니다.

▶▶ 1984년에 개봉한 영화 〈코난〉의 주인공 아놀드 슈왈제네거.
뛰어난 육체의 힘이 남성다움의 상징으로 여겨졌다.

## 남자의 옷은 어떻게 변했을까?

현재 인기 있는 남자 연예인으로 누구를 꼽을 수 있을까요? 여러 드라마와 영화에서 활발하게 활약하고 있는 김수현? 신곡만 나오면 주목을 받는 아이돌 그룹 샤이니? 여러 남자 연예인들에게는 공통점이 있습니다. 바로 여자만큼 예쁜 얼굴에 가녀린 듯하지만 섬세한 근육으로 다져진 날씬한 몸매를 가지고 있다는 점! 이런 경향이 패션에도 그대로 반영되어 있습니다. 그 경향을 한눈에 보여주는 것이 남성 정장의 변화입니다.

80년대 남성 정장의 눈에 띄는 특징은 높고 커다란 어깨와 박스 형태의 실루엣입니다. 바지 역시 폭이 여유로웠습니다. 어깨를 강조한 것은 착용자의 권위와 힘을 돋보이게 하기 위해서입니다. 그래서 이런 스타일을 파워 수트Power suit라고 불렀습니다.

90년대는 남성 정장의 '암흑기'라고 평가됩니다. 물론 당시에는 최신 유행 스타일이었지만 지금에 와서 살펴보면 우스꽝스러울 만큼 형편없는 디자인이 난무했던 시기이기 때문입니다. 여전히 어깨는 넓었고 전체적인 실루엣은 힙합 패션을 연상시킬 정도로 풍성했습니다. 상의는 무릎에 닿을 정도로 길어졌고 바지는 풍성하다 못해 펑퍼짐해졌습니다.

2000년대에 들어서면서 현재 우리 눈에 익숙한, 자연스러운 실루엣의 남성 정장이 탄생합니다. 몸에 꼭 맞으면서 길이는 짧은, 그래서 상체와 하체의 비율이 조화롭고 바지도 맵시 있게 빠진 스타일입니다.

**❶** 1980년대 남성 정장. 넓은 어깨가 눈에 띈다.

**❷** 패션의 암흑기라 불리는 1990년대의 남성 정장. 옷이 사람을 가두고 있는 느낌이다. 남성 잡지 〈지큐〉의 1997년판 표지.

**❸** 2000년대 들어 볼 수 있는 현대 남성 정장. 이전과 비교하여 훨씬 더 자연스럽다.

몸과 패션이 변화해온 흐름이 비슷하다고 느껴지지 않나요? 패션이란 그 시대에 가장 보편적인 미의 기준을 따라가도록 되어 있습니다. 힘 있는 남성상이 대세일 때는 남자를 더 커 보이도록 만드는 옷이, 부드러운 남성상이 대세일 때는 더 날씬해 보이도록 만드는 옷이 유행하게 됩니다.

현재 남성미의 기준은 많이 '슬림'해졌고, 패션은 그 기준을 충실히 따르고 있습니다. 날씬하다 못해 마른 몸을 강조하는 것으로 유명한 남성 패션 브랜드도 등장했습니다. 명품 브랜드인 크리스찬 디올Christian Dior은 아주 마른 남자 모델들을 무대에 세우는 것으로 유명하지요. 그들이 내놓는 남성복 역시 마른 몸에 어울리는 디자인들이 대부분입니다. 남성 패션모델들은 한 번이라도 디올의 무대에 서고 싶어 극단적인 체중 감량을 시도하기도 합니다. 유명한 패션모델과 디자이너에게 영향을 받는 소비자들 역시 은연중에 마른 몸을 선호하게 되지요. 바뀐 미의 기준과 패션의 흐름에 동참하기 위한 체중 감량과 몸 만들기 열풍이 남성들 사이에서 아주 거세지고 있습니다.

그렇다면 여성들은 어떨까요? 예상하다시피 남성보다 훨씬 적극적으로 몸매를 가다듬고 있습니다. 그리고 가끔은 심각한 상황에 이르기도 합니다.


: 카렌의 죽음

한 소녀가 있었습니다. 롤러스케이트로 동네를 누비고 친구들과 야구를 즐기던 쾌활한 아이였습니다. 이 아이는 중고등학교 시절을 보내면서 자신이 가지고 있는 특별한 재능을 발견하게 되었습니다. 바로 음악적 재능이었지요. 실로폰과 비슷한 금속 타악기인 글로켄슈필과 드럼을 배우면서 음악에 흥미를 느끼기 시작한 소녀는 동네에서 알아주는 피아노 영재였던 오빠와 종종 합주를 즐겼습니다. 그러다 노래까지 하게 되었는데, 그녀의 목소리를 들은 사람들은 이렇게 말했습니다. "백만 명 중 한 사람 있을까 말까 한 놀라운 목소리"라고요.

소녀는 오빠와 함께 듀엣을 결성해 가수가 되었고, 눈부신 성공을 거두었습니다. 오빠와 그녀가 부른 노래 〈클로즈 투 유close to you〉가 1970년 미국 빌보드 차트 1위에 오르게 된 것입니다. 그녀의 나이 겨우 스무 살 때였습니다.

소녀의 이름은 카렌 카펜터Karen Carpenter, 오빠의 이름은 리처드 카펜터Richard Carpenter. 남매는 자신들의 성을 따 듀엣의 이름을 '카펜터스The Carpenters'라고 지었습니다. 둘은 1970년대 〈클로즈 투 유〉를 비롯하여 〈슈퍼 스타superstar〉, 〈예스터데이 원스 모어yesterday once more〉 등의 명곡을 연달아 발표하며 전 세계적인 인기를 얻었습니다.

그런데 천상의 목소리로 아름다운 노래를 부르던 카렌의 삶은 안타깝게도 길지 않았습니다. 식사를 거부하는 병에 걸려 결국 그 병 때문에 죽음을 맞게 된 것입니다. 서른둘이라는 젊은 나이에 말입니다. 카렌을 죽음에 이르게 한 병의 이름은 '신경성 식욕부진증'이었습니다.

신경성 식욕부진증이라는 말이 생소하게 느껴질지도 모릅니다. 이 병을 가리키는 좀 더 친숙한 명칭이 있습니다. 바로 '거식증'입니다.

살을 빼려는 무리한 집착이 심리적으로 음식을 거부하게 만드는 병입니다.

배가 고프면 뭐든 먹고 싶어지는 것이 사람의 본능입니다. 하지만 이 병에 걸린 사람들은 자신이 뚱뚱하다는 생각에 사로잡혀서 음식 먹기를 두려워합니다. 뭔가를 조금이라도 먹으면 곧바로 살이 찔 것 같다는 불안감에 억눌려서 먹은 것을 토하기도 하고, 설사약을 먹어 몸 밖으로 배출하려 하기도 하지요. 카렌은 엄청난 양의 다이어트 약을 장기간 복용했고, 결국 거식증으로 인한 심장마비로 세상을 떠났습니다.

거식증은 주로 여성들에게 집중적으로 발병하며, 이 병에 걸리는 원인으로는 심리적 요인과 생물학적 요인이 있다고 합니다. 하지만 최근 들어 언급되는 중요한 원인은 사회적 요인입니다. 어떻게 질병에 사회적 요인이 있을 수 있을까요? 어떤 사회적 요인이 거식증을 불러오는 것일까요?

사람은 유아기를 벗어나면 집단 속에서 사회적 생물로 살아갑니다. 그때부터 사람은 평가 속에서 살아간다 해도 과언이 아닙니다. 스스로 자기 자신을 평가하기도 하고, 남들의 평가를 보고 듣습니다. 그리고 이 두 가지를 바탕으로 자기 자신의 이미지를 만들어갑니다.

이 과정 속에서 사람들은 끊임없이 비교를 하게 됩니다. 나와 남을 비교하기도 하고, 나와 내 이상형을 비교하기도 합니다. 이런 비교는 스스로의 이미지, 간략히 말해 자아상自我像을 긍정적으로 만들기도 하고 부정적으로 만들기도 합니다.

쉬운 예를 들어볼까요? 내가 100미터 달리기 시합에서 18초를 기록했다고 칩시다. 그런데 반 아이들 대부분이 나보다 기록이 나쁘다면? 그러면 '나는 운동을 잘한다'고 스스로를 평가할 것입니다. 자부심도 느끼겠지요.

그러다가 어느 날 전학을 가게 되었습니다. 그곳에서 다시 한 번 100미터 달리기 시합을 했습니다. 변함없이 18초라는 기록이 나왔습니다. 어라? 그런데 새 학교의 아이들은 대부분 나보다 달리기가 더 빨랐습니다. 평가가 바뀌는 순간입니다. '나는 운동을 잘하는 것이 아니었구나'라는 생각과 함께 민망함도 느낄 것입니다.

이런 비교는 거의 모든 부분에서 일어납니다. 거지 앞에서는 내가 부자인 듯 느껴지지만 대기업 회장들을 보면 내가 가난하게 느껴집니다. 당연히 외모를 놓고도 이와 같은 비교가 일어납니다.

내 외모를 다른 사람과 비교하는 것은 자연스러운 일입니다. 나보다 예쁘고 잘생긴 사람을 보면 내가 못생긴 듯 느껴지기도 하지만 나보다 못생긴 사람을 보면 그래도 나 정도면 괜찮다는 생각이 들기도 합니다. 사람들 사이에서 살다 보면 자연스럽게 발생하는 일이며, 잘못된 것이 아닙니다.

문제는 비교의 대상이 심각하게 왜곡될 때 일어납니다. 특히 요즘은 그 왜곡을 주도하는 리더도 있습니다. 바로 대중매체입니다.


## 저체중=미용체중?

우리는 하루에 몇 번, 몇 명의 연예인이나 모델들을 보게 될까요? 텔레비전, 영화, 인터넷, 잡지에 등장해 우리 주변에 하루 종일 얼굴을 비추고 있는 그들은 거의 모두 예쁘고 날씬합니다. 그렇다면 의학적인 측면에서 봤을 때 그들이 몸은 얼마나 이상적일까요?

우선 매력적인 몸매의 상징처럼 여겨지는 연예인 전지현을 생각해봅시다. 그녀의 키는 173센티미터이며 몸무게는 52킬로그램이라 알려져 있습니다. BMI 지수를 계산해보았더니 17.27, 즉 저체중이라는 결과가 나왔습니다.

| 저체중 | | 정상 | 과체중 | 비만 | 고도비만 |
|---|---|---|---|---|---|
| BMI | 18.5 | 23 | 25 | 30 | |

여기서 잠깐. BMI 지수란 무엇일까요? BMI 지수는 '바디 메스 인덱스Body Mass Index'의 약자로 우리말로는 체질량지수라고 합니다. 1972년 미국의 생리학자인 안셀 키스Ancel Keys가 제안한 뒤 널리 쓰이고 있습니다. 몸무게와 키만으로도 그 사람의 비만도를 가늠해볼 수 있는 아주 간편한 기준치이지요. 계산법도 아주 간단합니다. 몸무게를 미터로 잰 키의 제곱으로 나누기만 하면 됩니다. 예를 들어 키가 1.6미터(160센티미터)이고 몸무게가 56킬로그램일 때 BMI 지수는 56÷(1.6×1.6)=21.88 이 되는 것입니다. 이 값이 표의 어느 부분에 해당하는지만 확인하면 됩니다. 21.88이면 18.5와 23 사이에 속하니 정상체중이라는 걸 알 수 있겠지요?

한국여성민우회에 따르면 최근 인기 있는 여자 연예인들의 평균 키는 167.7센티미터, 체중은 46.5킬로그램, 평균 BMI는 16.7입니다. 심한 저체중입니다.

이처럼 심한 저체중인 몸이 대중매체에서는 1년 365일 칭송받으며 매력적으로 그려집니다. 심지어 의학적 저체중을 '미용체중'이라는 신조어로 포장하며 '저체중이 미적으로 아름다운 것'이라고 주장하는 사람들도 생겼습니다. 이들을 바라보는 여성들, 특히 나이가 어린 여학생들은 무슨 생각을 할까요?

이런 일들이 하루, 이틀, 몇 달, 몇 년 지속되다 보면 사람들은 연예인과 자신을 비교하면서 스스로를 뚱뚱하다고 생각하게 됩니다. 본인의 몸이 정상체중이라고 해도 말입니다. 이상하지 않나요? BMI 지수에 따르면 연예인들은 보다 '비정상'적인 몸을 가지고 있습니다. 그런데도 왜 사람들은 자신과 그들의 몸매를 비교하게 되는 걸까요?

## ﹕텔레비전의 힘

대중매체의 영향은 생각보다 훨씬 강력합니다. 남태평양 오세아니아 지역에 '피지'라는 섬나라가 있습니다. 인구 80만 명 정도의 작은 나라인데, 이곳에서는 "너 요즘 몸무게가 좀 늘어난 것 같아"라는 말을 자주 들을 수 있다고 합니다. 한국에서 그런 말을 한다면 듣는 사람은 "내가 요새 그렇게 살이 쪘나?"라고 걱정을 하거나 "어떻게 그런 말을 하느냐"며 화를 낼 것입니다. 하지만 피지 사람들은 그 말을 칭찬으로 받아들입니다. 전통적으로 남태평양 인근의 주민들은 통통한 몸매를 선호하기 때문입니다. 그들에게 살이 쪘다는 말은 친절한 인사말입니다.

그러던 피지에 텔레비전이 대중화되면서 급격한 변화가 일어났습니다. 피지에는 1994년까지 텔레비전 방송이 없었습니다. 1995년에서야 방송국이 설립되었고, 자체적으로 프로그램을 제작할 힘이 부족했기에 서양의 프로그램들을 수입해 방영하기 시작했습니다.

이때부터 피지에서 나고 자란 어린 소녀들의 몸에 대한 기준은 완전히 바뀌어버렸습니다. 날씬한 외국 연예인들을 보며 자란 아이들이 피지에서 오랫동안 예쁜 몸으로 여겨지던 '풍성한 몸매'를 거부하기 시작한 것입니다. 소녀들 사이에서는 다이어트 열풍이 불었고 심한 경우 먹은 것을 일부러 토해내는 신경성 식욕부진증의 초기 증상도 나타났습니다.

거의 모든 매체가 마른 몸매의 연예인들을 향해 '예쁘다', '섹시하다', '여신 같다'는 칭찬을 쏟아내고 있습니다. 그런 분위기 속에서 정상적인 몸은 다이어트를 통해 조절하지 않으면 안 되는 보기 흉한 몸이 되고 맙니다.

몸에 밀착되어 날씬해 보인다는 스키니 진이 몇 년째 유행입니다. 그런데 의사나 기타 의료전문가들은 스키니 진을 자주 입지 않기를 권합니다. 하체를 강하게 조이는 스키니 진이 혈액의 흐름을 방해할 뿐 아니라 신경을 압박해 심할 때는 신경통을 유발할 수도 있다는 이유에서입니다. 하지만 아무리 건강에 나쁘다고 경고해도 여자들은 스키니 진을 포기하지 않습니다. 날씬해 보이고자 하는 욕망이 건강을 추구하는 합리적 이성을 압도하기 때문에 나타나는 결과입니다.

"운동해서 ○○한 몸을 만들자"

"다이어트로 ○○한 몸을 만들자"

위 두 문장의 ○○에 공통으로 들어갈 알맞은 단어는 무엇일까요? '건강'이라고 대답할 수도 있겠지만 지금 우리가 살고 있는 사회에서는 '날씬'이라고 답하는 사람이 더 많을 것입니다. '마른 몸'이라는 미적 기준을 대중매체가 반복적으로 주입하고 있기 때문입니다.

그렇다면 대중매체가 존재하지 않던 과거에는 과연 어땠을까요?

## ; 역사 속의 슬림 핏?

'코르셋'을 알고 있나요? 직접 본 적은 없어도 한 번쯤은 영화나 드라마, 책을 통해 접했을 것입니다. 코르셋은 허리를 강하게 조여 가늘게 만들면서 가슴과 엉덩이를 부각시키는 속옷입니다.

코르셋과 비슷한 몸매 보정용 속옷은 지중해 동남부에 있는 그리스령 크레타 섬이나 이집트와 같은 고대 문명국 유물에서도 발견되지만 코르셋을 본격적으로 널리 착용하기 시작한 것은 16세기 유럽 사람들입니다. 코르셋은 이후 약 400년에 걸쳐 여자들을 '행복하게' 해주었습니다.

코르셋이 어떻게 사람을 행복하게 해주었냐고요? 가는 허리가 미의 기준인 시절에 가는 허리를 가질 수 있도록 해주는 코르셋은 당시의 여성들에게 응당 고마운 존재였을 것입니다. 하지만 그 행복의 크기만큼 뒤따르는 고통 역시 이루 말할 수 없었습니다.

❶ 1900년대 초 코르셋을 착용한 여성.
❷ 잘 알려지지 않은 사실 중 하나. 날씬한 허리를 만들기 위해 남자들도 코르셋을 입었다.
하지만 여성용만큼 널리 이용되지는 않았으며 그 역사도 비교적 짧다.

16세기 프랑스 왕비였던 카트린 드 메디치Catherine de Médicis, 1518~1589
는 아름다운 여성이 가져야 할 허리 사이즈를 정해놓고 그 사이즈를
넘어서면 어떤 여성이라도 왕궁에 들어오는 것을 금지했다고 합니다.
그녀가 정한 사이즈는 몇 인치였을까요? 20인치? 25인치?

13인치였습니다! 둘레 13인치의 허리를 머릿속에 그려봅시다. 아마
상상하기조차 쉽지 않을 것입니다. 자연 상태의 성인 여성에게는 존
재할 수 없는 치수이니까요.

허리를 13인치로 만들기 위해 귀족 여성들은 고래 뼈나 철사로 만
든 코르셋을 이용해 잔인할 정도로 복부를 압박해야 했습니다. 지나

친 압박 때문에 폐가 제대로 된 기능을 하지 못했고, 여성들은 종종 산소 부족으로 의식을 잃고 쓰러졌습니다. 근대 이전까지 유럽 귀족의 집에는 '기절방fainting room'이라는 것이 있었다고 합니다. 그리고 그 방에는 '기절 소파fainting couches'라는 긴 소파를 두어 쓰러진 여자들이 쉴 수 있도록 했습니다. 코르셋이 얼마나 많은 여자들을 쓰러뜨렸는지 알 수 있는 대목입니다.

물론 여자들을 기절하게 만드는 이유가 코르셋만은 아니었습니다. 당시 하층 여성들은 가난과 불평등에서 오는 곤경을 이겨내기 위해서 억세고 강인해야 했지만 귀족 여성은 그럴 필요가 없었고, 나약한 것이 보다 귀족적인 것이라 믿었습니다. 그래서 조금이라도 놀라운 이야기를 듣게 되면 바로 기절하는 시늉을 했다고 합니다. 자신이 얼마나 고귀하게 성장했는지를 나타내기 위해서 말입니다.

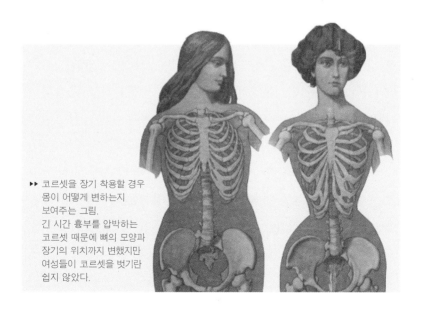

▶▶ 코르셋을 장기 착용할 경우 몸이 어떻게 변하는지 보여주는 그림.
긴 시간 흉부를 압박하는 코르셋 때문에 뼈의 모양과 장기의 위치까지 변했지만 여성들이 코르셋을 벗기란 쉽지 않았다.

여성들을 코르셋에서 해방시켜준 것은 바로 '브래지어'입니다. 현대적 브래지어를 최초로 발명한 사람은 사교계의 유명 인사였던 메리 펠프스 제이콥스<sup>Mary phelps Jacobs</sup>라는 여성이었습니다.

메리는 어느 날 파티에 나가기 위해 아름다운 실크 드레스를 주문했습니다. 하지만 막상 새 드레스를 받아 입어보니 어라? 드레스가 너무 얇아 속이 비치는 거예요. 상반신을 뒤덮은 커다란 코르셋이 훤히 들여다보이자 아무리 예쁜 드레스라도 도저히 맵시가 살지 않았습니다. 메리는 고민 끝에 손수건과 리본, 줄 등을 이용해 가슴만 살짝 가리는 임시 속옷을 만들어 입었습니다.

그날 파티장의 모든 사람이 메리를 주목했습니다. 특히 여자들은 실크 드레스 아래로 보이는 새로운 속옷에 관심을 보였습니다. 몇몇 친구들이 메리에게 자신에게도 같은 속옷을 만들어달라고 요청했고, 그 뒤로도 점점 많은 사람들이 메리가 만든 속옷을 원하자 메리는 1914년에 특허를 내고 본격적으로 브래지어 사업을 시작했습니다. 브래지어가 대중화되면서 여성들은 숨도 쉬지 못할 만큼 몸을 조여 대던 코르셋을 더 이상 착용하지 않게 되었습니다.

하지만 아이러니하게도 한때 '코르셋으로부터의 해방'을 이끌어냈던 브래지어는 오늘날 가슴을 인위적으로 압박한다는 이유로 여성의 몸을 억압하는 상징처럼 여겨집니다. 여성권리운동을 하는 사람들은 브래지어를 불태우는 퍼포먼스를 하기도 하지요.

옛날 여성들은 누구나 드레스를 입어야 했지만 시대가 변하며 여성들도 남성들만 입을 수 있었던 청바지를 자유롭게 입을 수 있게 되었습니다. 하지만 그렇다고 해서 여자들이 날씬해져야 한다는 강박에서까지 자유로워진 것은 아닙니다. 지금은 '스키니 진'이 한때의 코르셋처럼 여자들의 다리를 졸라매고 있으니까요.

코르셋의 역사를 보면 알 수 있듯이 대중매체가 존재하지 않던 시절에도 유행과 미의 기준에 대한 열광은 있었습니다. 그리고 코르셋이 사라진 다음에도 여성의 몸을 압박하는 패션 물품은 꾸준히 생겨났지요.

요즘은 '44 사이즈 열풍'이라고 해서 비교적 살찐 사람들은 옷을 사 입는 것 자체가 힘들어졌다고 합니다. 날씬한 사람들만을 대상으로 옷을 만드는 회사가 많아졌기 때문입니다. 그런 옷들이 옷가게와 텔레비전 속에 즐비한 사회에서 '옷에 몸을 맞추지 못한' 사람들은 뚱뚱하다는 자괴감에 시달립니다. 정상체중인 여성들도 그저 44 사이즈 옷을 입지 못했다는 이유로 자신이 뚱뚱하다고 자학하기도 하고 말이에요.

스키니 진을 입은 허벅지 사이에 틈이 생겨야 예쁜 몸매라고 믿는 사람들, 이미 저체중임에도 불구하고 다이어트에 몰두하는 현대인들과 기절할 정도로 허리를 졸라매던 과거의 여성들은 얼마나 다른 상황에 놓여 있는 걸까요?

몸의 기준을 왜곡시키는 원인이 온전히 대중매체나 옷이라는 사물 그 자체에 있다고만 볼 수는 없습니다. 그보다는 우리 내면에 있는 남들보다 더 아름다워지겠다는 욕망, 외모로 만들어지는 보이지 않는 계급 경쟁을 무분별한 외모지상주의의 가장 뿌리 깊은 원인으로

❶ 이사벨 카로(Isabelle Caro). 프랑스 배우 겸 모델. 신경성 식욕부진증으로 2010년 사망. 키 165cm, 몸무게 32kg. 사진은 생전 신경성 식욕부진증의 위험성을 경고하기 위해 찍은 캠페인 포스터이다.

❷ 안나 카롤리나 레스톤(Ana Carolina Reston). 패션모델. 신경성 식욕부진증으로 2006년 사망. 키 172cm, 몸무게 40kg. 건강하던 시절(좌), 신경성 식욕부진증에 걸린 후(우).

보아야 합니다. 그리고 그 강박에 짓눌린 사람들은 지나친 체중 감량을 시도하다가 소중한 생명까지 잃기도 합니다.

2007년, 한 패션모델의 누드 사진이 전 세계를 충격에 빠뜨렸습니다. 사진 속의 그녀는 뼈가 앙상하게 드러난 극도로 마른 몸매를 훤히 드러내고 있었습니다. 이사벨 카로라는 이 모델은 생명이 위험할 정도로 심각한 신경성 식욕부진증 환자였습니다. 그녀는 패션계에 만연한 마른 몸매에 대한 강요로 인해 신경성 식욕부진증에 걸렸으며, 여성 모델들을 죽음으로 몰고 가는 패션계의 관습은 사라져야 한다고 주장하며 이 같은 누드 사진으로 자신의 뜻을 표현했습니다. 그녀는 2010년 결국 세상을 떠났습니다.

이외에도 안나 카롤리나 레스톤, 이스라엘의 힐라 엘마리치Hila Elmalich, 우루과이의 루이셀 라모스Luisel Ramos, 엘리아나 라모스Eliana Ramos 등 많은 여성 모델들이 신경성 식욕부진증으로 사망했습니다. 참고로 루이셀 라모스와 엘리아나 라모스는 친자매입니다. 자매가 모두 다이어트로 목숨을 잃게 된 참으로 보기 드문 비극입니다.


## 옷의 명령에서 어떻게 벗어나야 할까?

날씬하다는 것, 예쁘다는 것은 무엇일까요? 무엇이기에 목숨까지 담보로 걸고 추구하게 되는 것일까요?

'예쁜 몸매'라는 이미지를 떠올렸을 때, 눈앞에 어떤 모습이 떠오르나요? 텔레비전 속 연예인? 잡지에서 본 모델? 어느 쪽이든 지금까지 살아오면서 '다른 사람들'이 예쁘다고 말하는 모습, 언젠가부터 사회적으로 자연스럽게 정해진 아름다움의 기준을 여러분의 내면에서도 그리고 있을 것입니다.

그렇다면 살만 빠지면 모든 것이 해결될까요? 많은 여성들이 닮고 싶어 하는 모델들조차도 자기 몸에 만족하지 못해서 체중 감량을 하다가 죽음에 이르는 것을 보면 그렇지만도 않은 것 같습니다.

유행하는 옷들, 그리고 그 옷에 찬사를 보내는 목소리들은 나도 모르게 강요가 되어 내게로 돌아옵니다. "이 옷에 맞는 몸만이 아름다운 몸"이라는 명제가 되어서 말입니다. 누군가가 내게 직접적으로 그렇게 말하지 않더라도 사회 전체를 지배하는 목소리가 알게 모르게 내 안에 쌓여가고 있는 것입니다. 그래서 우리는 항상 매체 속의 누군가와 나 자신을 비교하며 누군가에게 질책이라도 당하는 것처럼 불안해하고는 하지요.

하지만 조금만 생각을 달리하면 세상에는 참 다양한 옷들이 있습니다. 유행하는 스키니 진, 몸에 달라붙는 원피스나 레깅스만이 내가 입을 수 있는 옷은 아닙니다. 아니, '스키니'한 옷이라고 해도 어떻게 입느냐에 따라 충분히 어울리게 입을 수 있습니다. 텔레비전 속 연예인과 나를 비교하는 대신, 나 자신의 몸에 집중한다면 가능합니다.

옷을 입을 때뿐 아니라 우리는 많은 부분에서 남과 나를 비교하며 살아가고 있습니다. 그러다 보면 가끔은 다른 사람만 쳐다보느라 나 자신을 잃어버리기도 하지요. 나의 기준을 다른 사람에게 맞춰놓고 남보다 못한 나를 마주하는 것이 부끄러워 피하기도 하고요. 그러면서 많은 사람들이 '내게 맞는 옷'을 입기보다는 '옷에 맞는 나'를 갈망하며 괴로워하게 됩니다.

하지만 언제까지 다른 사람의 말을 듣고만 있을 필요는 없습니다. 사회가 개인에게 메시지를 보낼 수 있듯이, 개인도 사회에게 메시지를 보낼 수 있으니까요. 획일화된 강요에서 자유로워지려고 노력하는 사람들이 많아진다면 선택할 수 있는 폭은 넓어지겠지요. 옷에 몸을 맞출 것인가, 몸에 옷을 맞출 것인가? 그렇다면 어느 정도에서 나 자신과 타협할 것인가?

어느 쪽이든 정답은 없습니다. 하지만 한 가지, 답을 정할 때는 다른 사람이 아닌 '나 자신'과 눈을 마주치고 생각하는 시간이 필요하지 않을까요? 그때가 온다면 옷을 입는다는 단순한 행동만으로도 한 발짝 더 용감해질 수 있다는 것을 알게 될 것입니다. 그리고 어쩌면 거기서 시작된 용기가 더 많은 것을 변하게 할 수도 있을지 모릅니다.

▶▶ 일본의 패션 잡지 〈라 파파(La Farfa)〉. '빅 사이즈' 전문 패션 잡지다.

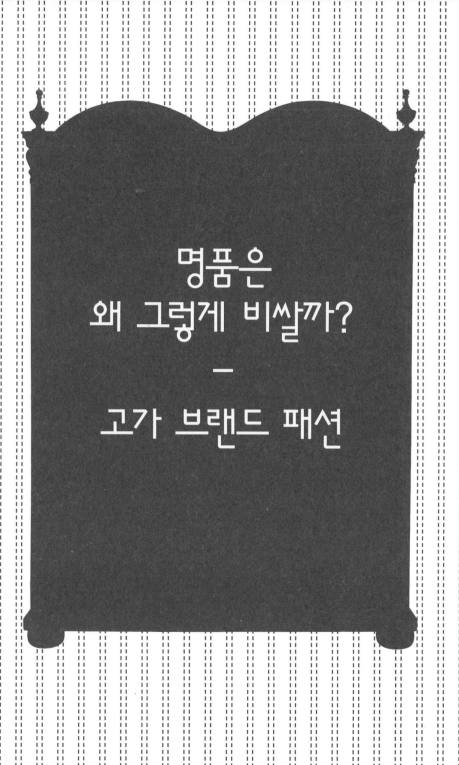

# 명품은
# 왜 그렇게 비쌀까?
# –
# 고가 브랜드 패션

## 오늘의 뉴스 *News*

출시된 지 1년 정도 지난 명품을 할인 가격에 판매하는 대형 상점인 아울렛(outlet)이 수도권 지역을 중심으로 급격히 늘어나고 있다. 아울렛은 복잡한 유통 과정을 거치지 않고도 과잉 생산품이나 재고품을 판매할 수 있도록 한 공장의 직영점을 의미하지만, 최근에는 명품이나 고가 브랜드 제품을 할인해서 판매하는 매장이라는 의미로 더 많이 쓰이고 있다. 이처럼 아울렛이 늘고 있는 것은 기업들이 명품을 원하는 사람들의 욕구는 불황에도 쉽게 수그러들지 않는다고 판단하고 있기 때문이다. 2008년 330억 원이었던 한 아울렛의 매출액은 2013년 1조 5천억 원을 넘었다. 이처럼 아울렛이 성장세를 보이는 이유는 소비자들이 여전히 명품을 가지고 싶어 하면서도 백화점이나 대리점 등에서 '신상'을 구매하기에는 금전적으로 부담을 느끼기 때문이라는 분석이 많다. 아울렛 제품은 상대적으로 저렴하기 때문이다.

## ⠿ 가방 하나에 1억 원?

명품이라는 말을 들으면 무엇이 떠오르나요? 세련미, 고급스러움, 높은 품질 등등 다양한 이미지가 있지만 그중 '높은 가격'을 빼놓을 수 없을 겁니다. 핸드백 하나가 자동차 한 대보다 비싸기도 하니 말이에요.

세계에서 가장 비싼 가방은 110년이 넘는 전통을 가진 스위스 회사 모워드Mouawad 사에서 제작한 '1,001일의 다이아몬드' 라는 핸드백입니다. 18케이 금으로 몸체를 만들고 4,517개의 다이아몬드로 외피를 장식한 이 핸드백의 가격은 약 40억 원 정도입니다. 높은 가격으로 기네스북에도 올랐다고 해요.

이 핸드백은 사실 핸드백이기보다는 보석으로 만든 액세서리에 가깝습니다. 모워드 사는 패션업체가 아니라 보석업체입니다. 이 핸드백은 회사 홍보를 위해 단 하나만 만든 기념품입니다. 당연히 전시용일 뿐 누구도 이 핸드백을 구입해 외출할 때 들고 다니지는 않습니다.

하지만 사람들이 들고 다니는 가방 역시 만만치 않은 가격을 자랑한답니다. 랄프 로렌Ralph Lauren에서 나온 앨리게이터* 리키백The Alligator Ricky Bag은 약 2,500만 원입니다. 마크 제이콥스 Marc Jacobs에서 만든 카롤린 크로커다일 백 Carolyn Crocodile bag은 약 3,300만 원이지요. 구찌Gucci의 소프트 스터럽 크로커다일 숄더백Soft stirrup crocodile shoulder bag은 약 3,600

\* 악어 중에서도 앨리게이터 가죽을 상품, 크로커다일 가죽을 중품, 카이만 가죽을 하품으로 칩니다. 하지만 특별히 호주의 바다크로커다일 그리고 아프리카의 나일크로커다일의 가죽은 앨리게이터 가죽보다 더 상품으로 칩니다. 가방을 만들 때는 등가죽보다 부드럽고 무늬가 균일한 뱃가죽을 주로 사용합니다.

만 원입니다.

펜디Fendi의 셀러리아 세이블 앤 친칠라 백Selleria Sable & Chinchilla bag은 약 4,200만 원, 에르메스Hermes의 버트 에메랄드 포러서스 베이비 크로커다일 버킨백 팔라듐 장식Vert Emerald Porosus Baby Crodocile Birkin Bag with Palladium Hardware은 무려 약 1억 3천만 원에 다다릅니다.

이들은 악어 및 기타 동물의 가죽으로 만든 가방들입니다. 금이나 다이아몬드를 사용한 것이 아닌 그저 가죽 가방의 가격이라고는 믿어지지가 않을 정도지요? 도대체 어떤 사람들이 이런 가방을 사용할까요? 그리고 도대체 '명품'은 왜 이리 비싼 걸까요?


## ▒ 눈에 보이는 가격


우선 명품 제품을 만드는 데 들어가는 모든 재료는 최고급입니다. 악어가죽으로 만든 핸드백 하나를 만들기 위해서는 악어가죽이 2장에서 4장 정도 필요합니다. 1등급일 경우 가죽 한 장의 가격이 약 90만 원 정도입니다. 3장을 사용해 가방을 만든다면 재료값만 벌써 270만 원이 든다는 말이지요.

악어가죽보다 저렴한 소가죽 등 다른 재료를 이용하여 제품을 제작한다고 해도 일반 제품보다 고급 소재를 선별해 사용한다는 점에는 변함이 없습니다. 예를 들어 잘 알려진 명품 브랜드인 '루이 비통Louis Vuitton'은 북유럽산 가죽을 선호한다고 합니다. 북유럽은 날씨가 추워서 해충이 적고 따라서 동물이 해충에 물려 상처가 날 확률이 줄어들어 가죽의 질이 높아지기 때문입니다. '이런 세심한 부분까지 신경 쓰다니' 하며 놀라는 독자들도 있을 것입니다.

고급 소재만 쓴다고 해서 명품이 되는 것은 아닙니다. 명품 브랜드들은 최고의 품질을 추구하고 최고의 애프터서비스를 제공합니다. 그러기 위해서 제품을 만들 때는 경험이 많은 숙련된 장인을 고용해 바느질 땀수까지 체크해가며 재봉을 하지요. 예를 들어 구두 한 켤레를 만들 때도 철저히 숙련된 장인들이 자신의 전문 분야를 맡아 완성도 높은 제품을 만들어냅니다. 명품 생산지로 유명한 이탈리아 등지에서 구두 장인이 되기 위해서는 젊은 시절부터 몇 년에 걸쳐 엄격한 수업을 받아야 한답니다. 이처럼 완성된 상품은 품질을 확인하기 위해 수천 번에 달하는 테스트를 거치고, 일부 제품에 한해서는 평생 품질 보증·평생 무상 수리를 약속합니다. 최고급 원자재를 조달하고 섬세하게 제작하며 판매 후 충분한 서비스까지 제공하는 이 모든 과정에는 당연히 많은 비용이 듭니다. 제품 하나를 만드는 데 투입되는 인력도 보통 제품의 몇 배이기에 인건비도 많이 들어갑니다. 그만큼 가격도 높아질 수밖에 없습니다.

또 명품 브랜드들은 대부분 그들만의 패션쇼나 전시회를 열고 각종 기념품이나 카탈로그 등을 제작합니다. 이름 높은 디자이너와 모델, 행사 기획자, 홍보 전문가 등 수많은 사람들의 손을 거치는 일인 만큼 홍보에 드는 비용도 큰 액수입니다.

▶▶ 에르메스의 크로커다일 버킨백.
명품 브랜드 가방 중에서도 특히 가격이 높다.

## ∷ 눈에 보이지 않는 가격

재료비나 제작비, 서비스 비용, 홍보 비용이 아무리 높아도 명품의 가격에는 미치지 못하는 것 같다고요? 맞아요. 그것만으로 명품 브랜드 제품들의 높은 가격을 설명하기에는 부족합니다. 그러면 이제부터 눈에 보이지 않는 가격 요소에 대해서도 살펴보도록 합시다.

### 이야기를 품은 역사

언젠가부터 '스토리텔링storytelling'이라는 말이 유행처럼 쓰이고 있습니다. 스토리텔링은 단어 뜻 그대로 '이야기하기'라는 의미로 쓰일 때도 있지만, 어떤 물건이나 브랜드가 가지고 있는 특별한 이야기를 풀어내는 마케팅 방식을 가리키는 것이기도 합니다. 가격이나 제품 특성만을 설명하는 단순한 마케팅과 차별화되는 방식입니다.

이제 막 새로 나온 브랜드가 하루아침에 명품으로 인정받기는 힘듭니다. 우리가 잘 알고 있는 명품 브랜드들은 오랜 역사를 가지고 있습니다. 그 역사 속에는 사람들에게 회자될 만한 이야기들이 숨어 있지요. 브랜드를 광고하기 위해 일부러 만들어낸 이야기가 아니라, 오랜 역사 속에서 자연스럽게 쌓여온 이야기들이 말입니다.

페라가모<sup>Ferragamo</sup>라는 명품 브랜드가 있습니다. 특히 구두로 유명

페라가모^Ferragamo라는 명품 브랜드가 있습니다. 특히 구두로 유명
하지요. 이 회사를 만든 살바토레 페라가모^Salvatore Ferragamo, 1898~1960는
이탈리아에서 태어나 어려서부터 신발에 아주 관심이 많았다고 합니
다. 겨우 아홉 살에 신발을 만들어 여동생에게 선물하고 열한 살 때
부터 신발 만드는 법을 본격적으로 배워 열세 살이 되던 해에 신발
수공업점의 사장이 되었으니 신발계의 신동이라 불릴 만했습니다.

당시 많은 이탈리아인들이 그랬던 것처럼 그도 기회의 땅이라 불리
는 미국으로 이민을 가게 되었습니다. 미국에 도착한 그는 공장에서
대량생산되는 신발에 큰 거부감을 느꼈습니다. 신는 사람의 발에 맞
춘 수제화만이 '진짜 구두'라고 믿은 그는 1920년, 캘리포니아에 정착
해 작은 구두 가게를 열었습니다.

그때부터 그의 신발 장인으로서의 명성이 시작되었습니다. 그는 정
말로 신발만을 위해 열정을 다했습니다. 좀 더 편안한 신발을 만들기
위해 대학에서 해부학을 공부할 정도였습니다. 발의 뼈 구조를 연구
하고 새로운 디자인을 개발해 이전까지 없던 신발을 시장에 속속 내
놓았습니다. 그의 명성은 점점 높아졌고 많은 유명 인사들이 페라가
모의 신발을 신기 시작했습니다. 그중 한 사람이 바로 오드리 헵번
^Audrey Hepburn, 1929~1993이었어요.

영화배우 오드리 헵번은 1950~1960년대에 비교 대상을 찾을 수 없
을 정도의 스타였습니다. 〈로마의 휴일〉(1953), 〈사브리나〉(1954), 〈전쟁
과 평화〉(1956), 〈티파니에서 아침을〉(1961), 〈마이 페어 레이디〉(1964)
등 아직까지도 명작으로 평가받는 영화들에서 주연을 맡았고 매 영
화마다 새로운 스타일을 선보여 세계적인 유행을 만들어냈지요. '헵

❶ 살바토레 페라가모와 오드리 헵번.
❷ 〈로마의 휴일〉 중 한 장면. 오드리 헵번이 신고 있는 발레 슈즈 모양 플랫 구두는 살바토레 페라
가모가 그녀를 위해 특별히 제작한 것이다.

번 스타일'이라는 말이 아직까지 패션의 세계에서 통용된다는 사실만으로도 그녀의 영향력이 얼마나 대단했는지 짐작할 수 있습니다.

그녀가 평소에 신었던 신발, 그리고 공주 역할을 맡아 열연했던 〈로마의 휴일〉에서 신었던 신발은 모두 페라가모가 만든 것이었습니다.

때문에 사람들은 '페라가모'의 신발을 단순한 신발로 보지 않습니다. 그 역사 속에 숨어 있는 이야기를 향유하며, 많은 사람들이 사랑했던 여배우와 그녀가 활동했던 옛 시절까지 추억하지요. 많은 전통 있는 브랜드들은 이처럼 특별한 이야기를 가지고 있습니다. 특정 브랜드의 물건을 선호하는 소비자들은 그런 이야기에 애착을 가지고 있는 경우가 많습니다.

## 새로움의 추구

플라스틱으로 만든 장난감 블록인 '레고Lego'를 모르는 사람은 없겠죠? 레고 마니아들은 레고로 다양한 조립품을 만듭니다. 최근 이탈리아와 독일 등에서는 레고로 무너진 벽을 보수하는 사람들까지 등장했답니다.

그렇다면 레고로 핸드백도 만들 수 있을까? 그 누구도 레고를 이용해 핸드백을 만들겠다는 시도는 하지 않았습니다. 하지만 샤넬Chanel이라는 한 명품 브랜드가 레고로 가방 만들기를 시도했고, 결국 상품으로 완성했지요.

물론 진짜 레고 블록으로 가방을 만든 것은 아닙니다. 장난감 블록에서 영감을 얻어 블록 모양의 가방을 디자인했고, 플라스틱으로 핸드백을 만든다는 새로운 시도를 한 것이지요.

▶▶ 마치 장난감 블록처럼 알록달록한 샤넬의 레고백.

어떤 분야에서든 남을 따라 하는 것은 쉽고 창조는 어렵습니다. 많은 명품 브랜드들은 늘 새로운 패션을 창조하기 위해 분투하고 있고, 소비자들은 그런 시도에 열광합니다. 이와 같은 새로운 시도에 부가되는 가치도 제품 가격에 포함됩니다.

### 지위의 상징

명품은 언제부터 만들어졌고 누가 가장 먼저 사용하기 시작했을까요?

정확히 그 기원을 밝힐 수는 없지만 신분제도와 밀접한 관련이 있는 것으로 추측됩니다. 신분제도가 있는 사회에서는 태어날 때부터 한 인간에게 계급이 부여되고, 특별한 이유가 없는 이상 그 계급을 자손 대대로 물려받습니다. 그 당시에는 지금처럼 고급품을 명품이라며 따로 칭하지 않았습니다. 돈이 있다고 해서 누구나 살 수 있는 물건도 아니었습니다. 높은 신분을 가진 사람들이 사용하던 진귀한 물건들이 일종의 명품이었던 것이지요.

지금의 시리아와 이라크 지역에서 번영했던 아시리아 제국에는 기원전 800년에 약 8천 장의 호랑이 모피를 인도에서 수입했다는 기록이 있습니다. 호랑이 모피와 같은 진귀한 물건을 양탄자로 깔거나 몸에 두르는 것은 오직 귀족이나 왕족 같은 높은 신분의 사람만 누릴 수 있는 특권이었습니다. 아무나 가질 수 없었기 때문에 신분을 나타내는 유용한 도구가 될 수 있었던 겁니다.

카스트제도가 남아 있는 인도 등 몇몇 나라를 제외하고 현대사회에는 더 이상 봉건식 신분 제도가 존재하지 않습니다. 때문에 명품이 신분을 나타내주지도 않습니다.

하지만 지금도 물건은 사람의 사회 계층을 나타내는 효과적인 도구입니다. 봉건사회의 신분제도는 없어졌지만 자본주의사회에서도 '사회 계층'은 여전히 존재하니까요. 직업, 지위, 재산, 교육 정도 등을 기준으로 사람들을 상류·중

▶▶ 알렉산더 맥퀸의 2011년 리조트 컬렉션 레드 드레스를 입고 있는 미국 영부인 미셸 오바마.

류·하류층으로 서열화하는 것은 여러분에게도 그리 낯선 풍경이 아닐 것입니다.

명품은 비쌉니다. 자연스럽게 하류층보다는 상류층에 속한 사람이 보다 많이 사용합니다. 수백만 원짜리 드레스나 천만 원을 호가하는 핸드백을 구매하는 것은 돈이 많지 않은 사람들에게는 어려운 일이니까요. 즉 명품은 '나는 상류층에 속하는 사람'이라는 것을 나타내는 일종의 기호가 되는 것입니다. 뒤집어 말하면 명품은 '상류층'이라는 계층을 나타내기 위해 더더욱 비싸진다고도 할 수 있습니다. 비싼 제품을 이용할수록 내가 부유하다는 것을 보다 잘 나타낼 수 있으니까요. '명품은 비쌀수록 잘 팔린다'는 말을 들어본 적 있나요? 그런 현상이 나타나는 것 역시 바로 명품의 상징적인 기능 때문이라 볼 수 있습니다.

우리는 명품을 자유자재로 살 만큼 부유하지 못하면서도 버는 돈을 모두 쏟아붓거나 빚을 내기까지 해서 명품을 사는 사람들에 대한 이야기를 종종 접하게 됩니다. 이런 사람들은 '가방'이나 '신발' 같은 특정한 상품을 원한다기보다는 명품이 나타내는 지위를 가지고 싶어 하는 경우가 많습니다. 실제 나는 중류층이지만 명품을 소유함으로써 다른 사람의 눈에는 상류층으로 보이기를 바라는 것이지요. 이런 경향이 심해지면 앞에서 살펴본 극단적인 다이어트와 다름없이 자신을 망치는 이유가 될 수도 있습니다.

이제 명품이 왜 그렇게 비싼지 어느 정도 이해가 되었나요? 역사가 느껴지면서 향수를 자극하는 이야기, 유행을 선도하는 새로운 디자인, 명품을 소유하고 사용함으로써 표현할 수 있는 사회적 지위. 이처럼 다양한 이유로 많은 사람들이 명품을 원하고 있습니다. 수요가 증가하면 가격은 자연스레 높아집니다. 명품의 높은 가격이 사회에는 어떤 영향을 미칠까요?

## ∷ 내 멋진 가방을 보세요!

여성들 사이에서 굉장히 인기가 높은 샤넬 핸드백. 언젠가부터 결혼할 때 장만해야 하는 필수품처럼 알려진 이 명품 가방은 가로 26센티미터, 세로 15센티미터 정도 되는 중형 사이즈의 정가가 700만 원이 넘어갑니다. 한 달에 200만 원 정도의 봉급을 받는 사람이라면 서너 달의 수입을 몽땅 지출해야 하는 금액이지요.

한 달에 봉급 200만 원을 받는 사람이 돈을 모아 700만 원짜리 핸드백을 산다면 이 소비는 과연 합리적인 것일까요? 합리적 소비란 구매하고자 하는 상품의 가격과 품질을 고려하여 그 상품을 소비할 때 얻게 되는 만족과 기회비용을 꼼꼼히 따진 다음 구매 결정을 하는 것을 말합니다. 명품 핸드백을 샀을 때, 핸드백이라는 물품 자체에 대한 만족도가 클 것임은 쉽게 예상할 수 있습니다. 위에서 살펴본 바와 같이 명품의 품질과 디자인은 일반 상품보다 우위에 있으니까요.

하지만 이런 무리한 소비는 기회비용에 대한 고려를 충분히 하지 못하고 이루어지는 경우가 대부분입니다. 기회비용이란 같은 비용으로 할 수 있는 여러 가지 일들 중 하나를 선택했을 때 포기해야 하는 다른 선택지입니다. 소득에 비해 값비싼 물건을 사기 위해서는 식비나 주거비, 의복비 같은 필수적인 생활비는 물론 취미생활이나 공부, 건강 관리 등을 위해 써야 할 비용을 줄여야만 합니다. 따라서 이런 소비행동을 합리적 소비라 말하기는 어렵습니다. 이 경우의 명품 소비는 과시적 소비Conspicuous consumption에 가깝습니다.

과시적 소비란 미국의 사회경제학자 소스타인 베블런Thorstein Veblen, 1857~1929이 설명한 소비활동의 한 유형으로서 합리적 소비의 정반대편에 있는 소비 형태입니다. 그 이름에서 유추할 수 있듯이 물건을 소비하는 주요 동기가 제품이 주는 편익이 아니라 자신이 경제적으로 상류 계급에 속해 있음을 나타내기 위한 '과시'에 있는 소비입니다. 핸드백을 '물건을 담아 다니는 가방'으로서 구매하는 것이 아니라 특정 브랜드를 살 만큼의 경제적 여유가 있음을 사람들에게 자랑하기 위한 목적으로 구매하는 것입니다. 물론 누구나 물건을 살 때는 본연의 기능뿐만 아니라 디자인, 브랜드 등 다양한 요소를 고려하지만 구매의 목적이 지나치게 '보여주기'에 치우친다면 과시적 소비라고 말할 수 있습니다.

베블런이 과시적 소비를 연구한 계기는 1900년 전후, 세계적 산업화의 물결을 주도하며 엄청난 부를 쌓은 미국 기업가들이 미술품이나 골동품 등 생활에 뚜렷한 필요가 없는 물건들을 수집하는 모습을 목격한 것이었습니다. 신흥 부자들의 소비를 연구하던 그는 기업가들이 19세기 귀족들의 생활과 소비 방식을 모방하고 있다는 사실을 알게 되었습니다. 미국에는 신분제도가 없지만 그들은 자신의 부를 이용해 남들과 자신의 지위를 구분하려 했던 것입니다.

베블런은 미국의 신흥 부자들이 물건의 기능이나 가격을 합리적으로 판단해 물건을 구매하기보다는 남들과 다르고 싶은 욕망, 남들의 눈에 상류층으로 보이고 싶다는 욕망에 따라 소비를 한다는 사실을 밝혀냈습니다. 그는 이처럼 과시욕을 위해 소비하는 경향을 학문적으로 분석해 『유한계급론』이라는 책으로 펼쳐냈고, 이 책에서 처음으로 쓰인 '과시적 소비'라는 말은 유명한 경제용어가 되었습니다. 그리고 가격이 비싸질수록 더 잘 팔리는 현상을 그의 이름을 따 '베블런 효과'라고 부르게 되었습니다.

과시욕 때문에 소비하는 경우, 소비 대상은 비싼 사치품이 됩니다. 가격이 저렴한 제품은 누구나 구매할 수 있습니다. 반면 가격이 높아질수록 그 제품을 구매할 수 있는 사람은 줄어듭니다. 그러니 다른 사람과 차별화되려면 보다 비싼 제품을 사야 합니다. 우월감과 과시욕이 사치품의 소비를 증가시키는 것입니다.

구매의 목적이 물건의 기능이든 남에게 보여주기 위한 과시든 무슨 문제가 있을까요? 자기가 번 돈으로 자기가 원하는 물건을 사겠다는데 말입니다. 하지만 사회는 사람이 모여 만들어진 집단입니다. 때문에 개인적인 일로만 보이는 소비활동이 큰 사회적 현상으로 번져가기도 합니다. 그리고 그 현상은 사회 전체에 긍정적인 영향을 끼칠 때도, 부정적인 영향을 끼칠 때도 있지요.

사실 과시적 소비는 곧바로 어떤 문제를 발생시키지는 않습니다. 자랑할 경제적 여유가 있는 경우, 달리 말해 축척해놓은 부가 많거나 수입이 현저하게 높다면 아무리 높은 가격대의 제품을 사더라도 그것은 선택의 문제일 뿐 심각한 부작용을 초래하지는 않습니다. 문제는 그 과시적 소비를 모방하기 위한 소비가 많아질 때 발생합니다.

베블런의 연구만 보아도 알 수 있듯이 과시적 소비란 '부자'들의 소비행위를 설명한 것이었습니다. 그렇다면 부자가 아닌데도 과시적 소비를 한다면? 이때는 과시적 소비보다 모방소비의 성질을 더 크게 가집니다. 실제 부유함을 과시하려는 것이 아니라 부자의 사치를 따라 하는 소비에 가깝기 때문입니다.

과시적 소비와는 달리 모방소비에는 큰 부작용이 따릅니다. 큰 기회비용을 치러야 하기 때문입니다. 예를 들어 몇 백만 원짜리 핸드백을 구매하지 않는다면 보다 몸에 좋고 맛있는 음식을 먹을 수도, 문화생활을 할 수도, 가족이나 친구와 여행을 갈 수도 있습니다. 새로운 분야에 대한 공부에 투자하거나 저축을 해 미래에 대비할 수도 있습니다. '명품'에 이 모든 기회비용을 뒤로 하고 선택할 만한 가치가 있을까요?

소득 수준을 넘어서는 명품 쇼핑으로 인해 신용불량자가 되었다는 뉴스 기사가 심심치 않게 등장합니다. 명품을 살 돈을 마련하려고 범죄를 저지르는 사람들도 있습니다.

너무 극단적인 사례만 이야기하는 걸까요? 그럼 학생이 명품 가방을 들고 다니거나 백만 원을 호가하는 외투를 입는 것은 어떤가요? 오히려 명품 브랜드의 생산지인 유럽이나 미국 등지에서는 학생들이 명품을 소비하는 것이 굉장히 드문 일입니다. 학비를 스스로 마련해서 공부하는 문화가 정착되어 있기 때문에 외모를 치장하기 위해 몇 백만 원을 쓰는 것이 불가능에 가깝기 때문입니다. 중년층 이상이 명품의 주요 고객이지요.

하지만 우리나라에선 상황이 조금 다릅니다. 취업 사이트 인크루트(www.incruit.com)의 2012년 조사에 따르면 조사에 응한 대학생 중 54% 가량이 명품 브랜드 제품을 소유하고 있었습니다. 굉장히 높은 비율입니다. 특별한 경제적 수입이 없는 학생이 어떻게 고가 브랜드 상품을 살 수 있을까요? 결국 누군가가 대신 기회비용을 치르고 있다는 이야기가 됩니다. 그것은 부모님일 수도 있고, 다른 어른이나 친구일 수도 있습니다. 비용을 치를 사람이 없으면 빚을 내기도 합니다. 이 경우 본인의 미래를 담보 잡혔다고 볼 수도 있을 것입니다.

자신의 소득 수준은 생각하지 않고 상류층처럼 '보이기 위해서', 혹은 남들이 사니까 무작정 명품을 구입하는 행동을 조롱하는 말이 있습니다. 바로 '자포자기 소비'입니다. 명품을 소유했다는 우쭐함을 가지기 위해 내일을 포기한다는 말입니다. 왜 이런 무모한 소비행동이 나타나는 걸까요? 더 행복해지기 위해서일까요?


## ﹕﹕행복한 소비란? - 제품소비와 경험소비

소비는 크게 제품소비와 경험소비, 두 가지 유형으로 나뉩니다. 제품소비는 자동차나 집, 신발이나 옷처럼 실제로 형태가 있는 물건을 구매하는 것을 말합니다. 반면 경험소비는 공연을 관람하거나 여행을 가는 등 형태가 없는 것에 비용을 지출하는 소비를 말하지요.

과연 어떤 형태의 소비가 사람을 더 행복하게 만들까요? 브리티시컬럼비아대학교, 그리고 하버드대학교의 공동 연구에 따르면 경험소비가 제품소비에 비해 훨씬 더 사람을 행복하게 해준다고 합니다.

자동차를 샀다고 생각해봅시다. 버스를 타고 다닐 때보다 편리하기 때문에 자동차를 구매한 직후에는 행복도가 크게 증가합니다. 하지만 금방 상황에 적응하면서 더 이상 행복을 느끼지 못하게 되지요. 자동차가 있는 삶에 익숙해지는 것입니다. 그러면 또 다른 행복을 원하게 됩니다. 더 큰 자동차, 더 비싼 자동차……. 계속해서 '업그레이드'를 추구하다 보면 만족한 시간보다 갈망의 시간이 더 길어집니다.

패션 상품에 대입해 생각해보아도 마찬가지입니다. 명품 구두를 장만한다면 잠시 동안은 행복하겠지만 안타깝게도 유행은 금방 지나가버립니다. 게다가 패션 제품의 특성상 시기별로 필요한 제품도 달라집니다. 아무리 예쁜 구두라 하더라도 앞코가 뚫려 있는 오픈 토<sup>open</sup> <sup>toe</sup> 구두를 겨울에 신을 수는 없듯이 말입니다. 만족 수준을 유지하기 위해서는 유행에 따라 계절에 따라 끊임없이 새 제품을 구매해야 할 것입니다.

반면 여행과 같은 경험소비는 추억이 남기 때문에 오랜 시간 동안 행복감을 유지시켜준다고 합니다. 같은 경험을 공유한 사람들과의 유대감도 만족도를 높이는 이유 중 하나입니다.

경험소비의 또 다른 중요한 장점은 경험 자체가 평생의 친구가 될 수 있다는 것입니다. 경험이 어떻게 친구가 되냐고요? 간단한 예로 운동을 들 수 있습니다. 어떤 운동이라도 좋겠지요. 테니스나 골프 같은 구기운동도 좋고 유도나 주짓수 같은 격투기도 상관없습니다. 이런 운동을 꾸준히 배우면 평생 동안 함께하는 좋은 동반자가 되어줍니다. 운동이 아니면 음악일 수도 있습니다. 여행이나 뜨개질, 그림 그리기일 수도 있지요. 무엇이든 새로운 것을 체험하고 배우고 경험하는 일은 그 사람의 인생을 풍요롭게 만들고, 때로는 결정적인 기회나 전환점을 가져다주기도 합니다. 그리고 그 기회와 전환점을 만난 사람은 그전과는 완전히 다른 인생을 살기도 하지요.

앞에서도 말했다시피 모든 소비에는 기회비용이 따릅니다. 사람은 돈뿐만 아니라 정해진 시간을 소비하며 살아가고 있습니다. 어느 사회에서나 사람들은 10대와 20대에 주로 학교를 다니거나 특기 적성을 개발하며 미래에 대비하고, 30대 이후부터는 직업, 수익, 가정 형태 등 다양한 상황과 조건에 따라 비교적 변화가 적고 안정된 형태의 삶을 살아갑니다. 어리고 젊을 때 더 많이 공부하고, 더 많은 경험을 쌓으며 미래를 준비하는 이유는 '시간'이 주는 가능성이 가장 큰 시기이기 때문입니다.

명품은 분명 다른 물건들에 비해 큰 가치를 가지고 있습니다. 자신의 합리적 지출 범위 내에서 구매할 수 있다면 명품을 소비하는 행위 자체에는 문제도, 비난받을 이유도 없습니다. 그러나 명품 역시 어디까지나 물건일 뿐입니다. 유행이 지나면 그 가치가 떨어지기도 하고, 원할 때 가게에 가기만 하면 언제든 구매할 수 있습니다. 그러나 한번 지나간 시간은 두 번 다시 돌아오지 않습니다.

'기회는 준비된 자의 몫'이라는 말이 있습니다. 내가 원하는 학교, 내가 원하는 회사, 기타 내가 원하는 어떤 장소에 초대받을 기회가 주어졌다고 합시다. 하지만 그 초대에 응하기 위해서 먼저 만족시켜야 할 조건이 정해져 있다면 그 조건을 충족시키는 사람만이 기회를 잡을 수 있을 것입니다.

현재 사람의 평균 수명은 약 80세에 이릅니다. 앞으로 몇 십 년 동안 이어질 여정 중 지금 나는 어디쯤에 서 있는지, 그리고 지금 내가 '소비'해야 하는 것은 무엇인지 깊이 생각해봅시다. 지금 내가 가진 돈과 시간을 쏟을 곳이 어디인지 답을 찾을 수 있을 것입니다.

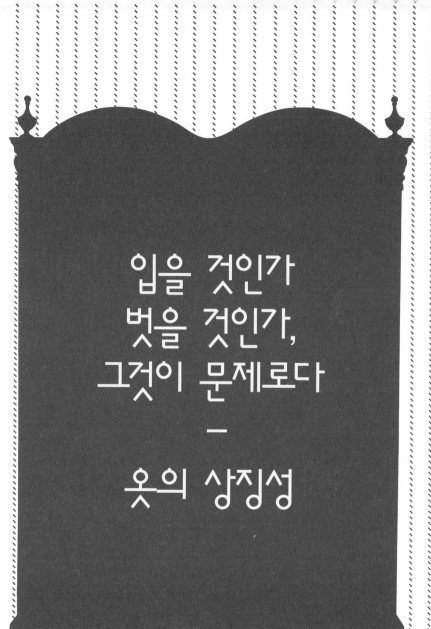

입을 것인가
벗을 것인가,
그것이 문제로다
—
옷의 상징성

# 오늘의 뉴스 *News*

공공장소에서 무슬림 여성들의 니캅과 부르카 착용을 금지하는 법안이 유럽 각
국에서 제정되고 있다. 프랑스에서 시작된 '부르카 금지법'은 벨기에로 이어져
공공장소에서 니캅이나 부르카를 착용하는 여성은 최대 7일 동안의 구류에 처
해지거나 137유로 50센트의 벌금을 내야 한다. 스위스에서도 공공장소에서의
부르카 착용 금지법을 가결시켰다. 영국·이탈리아·스페인·독일 등 여러 나라가
이 법안 도입을 검토 중이며, 설문 조사 결과 언급한 대부분의 나라에서 "부르
카를 금지해야 한다"고 대답한 사람이 과반수를 넘었다. 2011년 4월 프랑스는
유럽에서 가장 먼저 관련법을 시행, 현재까지 100여 명에게 벌금을 부과했다.
유럽 국가 이외에도 캐나다에서는 시민권 선서를 할 때에 한해 무슬림 여성들
이 부르카를 벗도록 하고 있으며 호주에서도 부르카 금지에 대한 논의가 이루
어지고 있다.

## ⦂ 부르카와 니캅, 여성의 몸을 가리다

부르카는 커다란 천으로 만든 통옷입니다. 그 모양이 망토와 비슷합니다. 일반적인 망토와 다른 점이라면 부르카는 머리끝부터 발끝, 얼굴까지 가리도록 만들어져 있다는 것입니다.

얼굴을 천으로 가리기 때문에 앞을 볼 수가 없습니다. 그래서 눈 앞쪽에 구멍을 뚫어 그물망을 친 다음 그 틈으로 간신히 앞을 볼 수 있도록 만들어놓았습니다. 얼굴을 온통 천으로 감싼 데다 눈까지 그물망으로 덮고 거리를 다니려면 많이 불편하겠지요? 주위를 잘 살필 수 없게 되니 차가 많이 다니는 도심에서는 위험하기도 합니다.

부르카를 약간 개선해 만든 니캅<sup>Niqab</sup>이라는 옷도 있습니다. 몸과 얼굴을 가리는 것은 부르카와 같지만 눈을 완전히 밖에 내놓을 수 있다는 차이점이 있습니다.

이 두 가지 옷이 가진 공통된 특징은 무엇일까요? 남자는 입을 일이 없는 여성만의 옷이라는 것입니다.

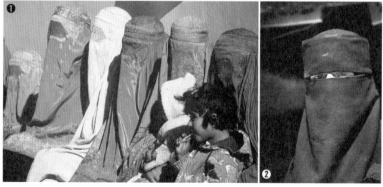

❶ 부르카를 입은 여성들. 눈 앞을 그물망으로 가려놓았다. ❷ 니캅을 입은 여성.

부르카와 니캅은 이슬람교 여성들이 착용하는 전통 의상입니다. 많은 이슬람 국가들은 여성들이 의무적으로 이런 옷을 입도록 법으로 정해놓았습니다. 이슬람의 경전인 『꾸란』은 여성에게 남성을 유혹할 수 있는 신체 부위를 밖으로 내어놓지 않을 것을 권고하고 있기 때문입니다.

"여성들에게 일러 가로되…… 가슴을 가리는 머리 수건을 쓰라."

문제는 『꾸란』에서 이처럼 남성을 유혹할 수 있는 신체 부위가 어디인지 명확히 가리키고 있지 않다는 것입니다. 그러다 보니 여성들이 신체의 어느 부위를 가려야 하는지를 정하는 것은 이슬람 법학자들의 몫이 되었고, 각 국가마다 가려야 할 부위가 조금씩 다르게 결정되었습니다. 온몸을 통째로 가리는 부르카를 입는 아프가니스탄, 눈을 드러내는 니캅을 입는 이집트, 히잡hijab이라는 큰 스카프로 머리카락만 가리는 이라크 등등, 같은 이슬람 국가들 사이에도 사회 분위기와 경전 해석에 따라 여성의 옷차림에 차이가 생겼습니다.

이 경우 옷차림은 그 사회가 얼마나 보수적인지를 알 수 있는 기준이 됩니다. 두말할 것도 없이 부르카를 입는 아프가니스탄과 같은 나라는 이슬람 국가들 중에서도 가장 보수적입니다.

이러한 의상은 이슬람교도들의 '그들만의 문화'로 여겨지며 큰 논란이 되지 않고 유지되어왔습니다. 하지만 세계가 좁아지고, 많은 사람들이 국경을 넘나들며 생활하기 시작하면서 문제가 발생했습니다. 어느 문화권, 어느 나라에서든지 자신들의 전통 복식만을 고집하는 이슬람교도들의 태도가 사회적인 갈등을 일으키기 시작한 것입니다.

그리고 마침내 이 갈등을 '법'으로 해결하고자 한 사람이 나타났습니다. 프랑스 전 대통령 니콜라 사르코지<sup>Nicolas Sarkozy</sup>입니다.


## ：부르카 착용 금지!

2009년, 사르코지는 부르카와 니캅에 대해 이렇게 말했습니다.

> "(여성의 얼굴을 가리는 옷들을) 프랑스는 환영하지 않는다. 우리는 이 나라 안에서 여성들이 베일 안에 갇혀 죄인처럼 취급받는 것, 사회활동을 제약받는 것, 개인의 정체성을 빼앗기는 것을 용납할 수 없다."

사르코지는 여성의 몸을 가릴 것을 강제하는 부르카나 니캅은 여성에 대한 억압 그 자체이며, 때문에 프랑스에서는 이 옷들이 금지되어야 한다고 주장했습니다. 그리고 그의 말대로 공공장소에서 부르카와 니캅 착용을 금지하는 '부르카 금지법'이 2011년, 프랑스에서 제정되었습니다.

부르카 금지법은 프랑스 전역에 뜨거운 논란을 가져왔습니다. 때때로 논란은 폭력으로 이어지기도 했습니다.

2013년 7월 18일, 프랑스 파리 근교의 트래프라는 소도시에서 한 부부가 평소와 같이 길을 걷고 있었습니다. 남편은 프랑스인, 부인은 무슬림<sup>이슬람교도를 뜻하는 아랍어</sup>이었습니다.

그러던 중 경찰이 다가와 신원 확인을 해야 하니 니캅을 걷어 올려 얼굴을 보여달라고 아내에게 요청했습니다. 그러자 아내의 종교의 자유가 침해당했다고 느낀 남편은 거세게 항의했고 그 과정에서 경찰과 몸싸움이 일어났습니다. 부부는 체포당했고 경찰서에 구금되었습니다.

이때까지만 해도 이 일은 경찰과 시민 간의 소소한 다툼이었습니다. 하지만 사건이 널리 알려지며 일은 점점 커졌습니다. 다음 날, 니캅을 입었다는 이유로 체포를 당한 가족을 구출(?)하겠다며 인근에 살던 400여 명의 무슬림들이 경찰서로 몰려들었습니다. 성난 그들은 돌과 화염병을 경찰서에 던졌고 차와 버스를 불태웠으며 막무가내로 경찰서 주변을 때려 부수었습니다. 이틀에 걸친 폭력 시위로 여러 명이 다쳤는데 그중 열네 살짜리 소년 한 명은 경찰이 쏜 고무탄에 맞아 한쪽 눈이 실명되었고 합니다.

이 시위가 세계 곳곳에 알려지며 세계 각지의 여론은 '부르카 금지법'에 관해 논쟁하기 시작했습니다. "부르카 금지법은 과연 옳은 법인가?" 하고 말입니다.


## 부르카 금지법, 왜 찬성하고 왜 반대할까?

부르카 금지법을 찬성하는 쪽의 논거를 살펴볼까요? 첫 번째 이유는 사르코지도 밝혔듯이 부르카와 니캅 등 무슬림 전통 복식이 여성의 인권을 침해한다는 것입니다. 이슬람교를 믿지 않는 사람 입장에서 보았을 때, 의무적으로 얼굴과 몸을 가리도록 하는 전통 복장은 인간이 누려야 할 표현의 자유를 빼앗는 것으로밖에 보이지 않는다는 것이지요.

게다가 부르카나 니캅은 여성이 자의적으로 입기보다 사회적 강요에 의해 입게 되는 경우가 많다는 지적도 있습니다. 이 문제는 인권단체·여성운동단체에서 특히 자주 언급해왔습니다. 이슬람 문화권에서 태어난 여성은 어릴 때부터 부모로부터 종교를 대물림 받고, 주위 사람들에게 이슬람 율법에 합당한 옷만을 입기를 강요당한다는 것입니다.

극단적으로 이슬람 교리를 추구하는 탈레반의 영향력 아래 있던 당시, 아프가니스탄이나 파키스탄에서는 여성이 부르카나 니캅을 착용하지 않으면 사살하는 것까지도 가능했습니다. 이란에서는 여성이 히잡을 이용해 머리카락을 가리지 않으면 우리 돈으로 6~7만 원에 해당하는 벌금을 내야 합니다. 이는 이란 평균 급여의 20%에 달하는 금액입니다.

마지막 이유는 사회적 안전에 대한 우려입니다. 얼굴을 가리면 그 사람의 신원 확인에 어려움이 있고, 이를 테러 단체가 악용하기라도 하면 큰일이라는 것입니다. 2001년 미국에서 벌어진 9·11 테러 이후 미국을 비롯한 서구 국가들 사이에서는 테러 세력에 대한 두려움과 반감이 무척 커졌습니다. 테러에 대한 거부감은 테러리스트들이 사상적·지리적 기반을 두고 있는 이슬람 국가와 이슬람 문화 전체에 대한 거부감으로 확산되었지요. 이슬람 문화의 상징이라 할 수 있는 부르카와 니캅을 '위험한' 것으로 인식하고 착용을 법으로 금지하게 된 데는 이런 이유도 있습니다.

부르카 금지법을 반대하는 입장의 주장도 만만치 않습니다. 부르카 금지법에 반대하는 사람들은 이 법이 개인이 마땅히 누려야 할 종교의 자유를 침해한다고 주장합니다. 개인이 종교의 율법을 따르기 위해 입는 옷을 법으로 금지할 수는 없다는 것입니다.

그리고 자식이 부모로부터 종교를 물려받는 현상은 어떤 종교에서나 일어나며 이슬람교만의 특성이 아니라고도 말합니다. 유대인들의 종교인 유대교는 부모 세대에서 자식 세대로 전해지는 대표적인 종교입니다. 그 과정에서 유대인 어린이들은 종교에 관련된 관습까지도 함께 이어받게 됩니다.

유대인 남성들은 정수리에 야물커yarmulke라는 작고 동그란 모자를 씁니다. 이처럼 종교의 율법을 따르기 위해 사용하는 독특한 의상은 다른 종교에도 여러 가지가 있습니다. 따라서 부르카 금지법에 반대하는 사람들은 유독 이슬람교의 전통 의상만을 가지고 시시비비를 가리는 것은 특정 종교에 대한 차별과 억압이 아니냐고 묻습니다.

안전성의 문제에 대해서도 반론이 가능합니다. 부르카와 니캅이 얼굴을 가려서 위험하다면 감기에 걸렸을 때 쓰는 마스크는? 축제나 파티에서 사용하는 가면은? 그리고 거리 곳곳에서 볼 수 있는 오토바이 헬멧은? 얼굴을 가려 신원 확인을 어렵게 만든다는 점에서 부르카와 무엇이 다를까요? 부르카 금지법은 '안전'이라는 명분을 내세워 특정 종교에 대한 혐오를 합리화했다는 비판을 받고 있습니다.

이 글을 읽는 여러분은 어느 쪽 의견에 손을 들어주고 싶나요? 양쪽 주장 모두 나름의 일리가 있기 때문에 판단하기가 쉽지만은 않을 것입니다.

## ⁞ 코에 걸면 코걸이, 귀에 걸면 귀걸이?

2001년 프랑스 파리에서 유네스코UNESCO, 교육·과학·문화의 보급 및 교류를 통해
국제 평화와 안전을 확보하는 국제연합의 전문기관 31차 총회가 열렸습니다. 이 총회에
서 유네스코는 '세계 문화 다양성 선언Universal Declaration on Cultural Diversity'
을 채택합니다. 약 두 페이지 남짓의 이 선언문은 문화의 다양성이 인
간 사회를 발전시키는 원동력임을 확인하고 모든 국가 및 단체가 그
다양성을 존중하고 보전하는 데 노력을 기울여야 함을 천명했지요.
유네스코는 종의 다양성이 건강한 자연 생태를 만들 듯이 서로 다른
문화가 공존할 때 인류가 번영할 수 있다고 말했습니다. 이것이 문화
다원주의Cultural pluralism 원칙입니다. 문화다원주의적 시각으로 보자면
부르카와 니캅 역시 다양한 문화 중 하나입니다.

그러나 이 문제에는 또 다른 측면이 있습니다. 이제까지 살펴본 부
르카와 니캅에 대한 논쟁은 프랑스를 비롯한 유럽 선진국을 중심으
로 일어난 일이라는 것입니다. 이들 국가는 법으로 여성의 인권을 보
장하고 있습니다.

그러나 정작 부르카와 니캅을 가장 많이 입는 지역은 중동 국가입
니다. 많은 중동 국가는 여성 인권의 사각지대입니다. 여성의 '인권'이
라는 개념 자체가 존재하지 않는 경우도 적지 않습니다.

이슬람의 경전 『꾸란』을 포함해 기독교의 성경, 모르몬교의 모르몬
경 등 많은 종교의 경전에는 남녀 차별적인 구절들이 다소 포함되어
있습니다. 그 유명한 아담과 이브의 이야기부터가 성차별적 요소를
내포하고 있으니까요. 지금도 기독교에서 여성은 신부나 교황이 될

수 없고, 불교에서도 여성 승려를 '비구니'라고 칭하며 남성 승려인 '비구'의 말을 따라야 하는 존재로 격차를 두고 있습니다.

『꾸란』의 경우만을 놓고 보자면, 재산을 상속할 때 남자가 여자보다 두 배를 받아야 한다고 규정해놓았으며꾸란 4장 11절 금전 거래를 할 때는 두 사람의 남자 증인이 필요한데 만약 남자 증인 두 사람을 구할 수 없을 때는 남자 한 사람과 여자 두 사람을 세워야 한다고 적혀 있습니다. 남자 한 사람의 역할을 여자 두 사람이 맡아야 한다는 것입니다. 만약 남자를 한 명도 구하지 못한다면 어떻게 될까요? 몇 명을 데려온다 하더라도 여자들만으로는 증인으로서 효력을 가질 수 없습니다. 여성은 남성보다 신뢰도가 떨어진다고 보기 때문입니다.꾸란 2장 282절 아내가 말을 잘 듣지 않을 때는 때려도 좋다는 구절도 있고꾸란 4장 34절 아내가 간음을 했을 경우 죽을 때까지 집에 가두어놓으라는 권고도 있습니다.꾸란 4장 15절

종합해보면 남자가 여자보다 뛰어나기 때문에 여자를 지배해야 한다는 것입니다. 폭력을 동원해서라도 말입니다. 성별이 다르다는 이유로 인간을 차별할 수 있다는 발상 자체가 얼마나 무지한 것인지를 알고 있는 많은 사람들에게 이런 내용은 허무맹랑한 이야기입니다.

각 종교의 경전에 이와 같은 이야기가 실려 있는 것은 그 종교가 태동하던 시대상, 즉 수백 년 혹은 수천 년 전 남성 위주의 사회상이 반영되어 있기 때문입니다.

남녀 관계에 대한 이야기 외에도 재미있는 이야기가 많습니다. 성경의 「레위기」에는 "물에 사는 모든 생명체들 가운데 지느러미와 비늘이 없는 것들은 모두 너희가 피하라"고 쓰여 있습니다. 이 때문에 옛

기독교 신자들은 문어와 오징어를 먹는 것을 금지하기도 했습니다. 이밖에도 "월경 중인 여자는 부정하며 몸이 닿은 이는 모두 부정해지므로 몸을 씻고 옷을 빨아야 한다", "남자아이는 생후 8일째에 포경 수술을 해야 한다", "눈이 먼 사람, 다리를 저는 사람, 고환에 이상이 있는 사람 등 신체에 이상이 있는 사람은 성소에서 하나님께 양식을 바치지 못한다", "부모를 욕하는 자, 간통하는 자, 남자끼리 성행위하는 자, 점쟁이를 자처하는 자는 사형시켜야 한다"와 같은 내용들이 실제 성경에 수록되어 있습니다.

이 내용을 그대로 지키자면 기독교 신자들은 여성을 차별하고 장애인을 차별하며 동성애자를 차별해야 합니다. 하지만 현대 사회에서 이 내용을 그대로 지키는 기독교 신자들은 거의 찾아볼 수 없습니다. 비록 종교의 근간이 되는 경전이라 할지라도 '옛날 사람들이 쓴 글'이라는 특수성을 감안하고 읽기 때문입니다.

이처럼 현대에 와서는 많은 사람들이 경전이 전하는 뜻을 문자 그대로 받아들이지 않고 오늘날에 맞추어 재해석하고는 합니다. 그러나 경전의 내용을 곧이곧대로 받아들여 지켜야 한다고 주장하는 사람들도 있습니다. 그런 사람을 '종교 원리주의자'라고 합니다. 중동 국가의 문제는 현재 이 이슬람 원리주의자들이 큰 힘을 가지고 있으며, 테러나 살인과 같은 폭력적인 방법을 동원해서라도 그들의 주장을 관철시키고자 한다는 데 있습니다.

'명예살인'이라는 말을 들어보았나요? 자식이나 아내가 집안의 명예를 실추시켰을 경우 아버지나 남편이 그들을 살해하는 일을 뜻합니다. 이런 살인은 집안의 명예를 지킨 정당한 행동으로 판단되어 아주 형식적인 처벌만 받거나, 아예 무죄 방면되는 경우도 허다합니다. 사람이 사람의 목숨을 빼앗는 살인죄임에도 말입니다. 어떤 경우를 명예 실추로 볼 수 있는지, 그리고 실제로 명예를 실추시켰다 판단할 만한 행위가 일어났는지에 대한 기준이나 조사조차 거의 없는 실정입니다.

### 비비 아이샤의 비극

아프카니스탄에 비비 아이샤Bibi Aisha라는 소녀가 살고 있었습니다. 겨우 열네 살에 강제로 결혼하게 된 그녀는 시댁에서 오랫동안 심한 학대를 받았습니다. 구타와 모욕을 견디다 못해 그녀는 스무 살이 되던 해 도망을 쳤는데, 결국은 다시 붙잡히고 말았습니다. 그녀의 남편과 일가친척들은 아내가 도망친 것은 가문의 수치라며 그녀를 산으로 끌고 올라갔습니다. 그리고 코와 귀를 칼로 잘라냈지요.

남편과 일행은 그녀를 산속에 버려둔 채 돌아갔습니다. 출혈이 심해 내버려두면 죽을 것이라 여겼기 때문입니다. 하지만 그녀는 혼신의 힘을 다해 산을 내려왔고 결국 사람들의 도움으로 목숨을 부지할수 있었습니다. 어느 자선단체의 주선으로 미국에 와 치료를 받은 그녀는 세계적인 시사잡지 〈타임Time〉의 표지 모델로 선정되어 명예살인의 잔혹함을 온 세상에 널리 알리게 됩니다.

비비 아이샤는 다행히 목숨을 건질 수 있었지만 그렇지 못한 여성들이 훨씬 더 많습니다. 아프카니스탄은 99% 이상의 인구가 이슬람교를 믿는 거의 완전한 이슬람 국가인데 이곳에서 자행되는 명예살인은 한 해에도 수백 건에 달합니다.

앞에서 말했다시피 아프카니스탄 여성들은 대부분 부르카를 입습

Inside: Joe Klein on the challenge in Pakistan

# TIME

## What Happens if We Leave Afghanistan

BY ARYN BAKER

Aisha, 18, had her nose and ears cut off last year on orders from the Taliban because she fled abusive in-laws

$4.95US $5.95CAN

▶▶ 비비 아이샤의 모습이 실린 〈타임〉 지의 표지. © Time Inc.

니다. 맨살을 조금이라도 드러냈다가는 명예살인의 위협을 받을 수도 있는 상황이니 거부할 방법이 없습니다. 부르카가 표현의 자유를 억압하느냐 마느냐 하는 토론 자체가 무의미한 세상 앞에서 '부르카를 입지 못하게 하는 것은 종교의 자유를 침해하는 일'이라는 의견은 어딘가 초라해지고 맙니다.


## 옷은 어떻게 상징이 될까?


이제 우리나라에서도 무슬림 여성들을 드물지 않게 만날 수 있습니다. 하지만 우리나라에서 부르카와 니캅을 보기는 쉽지 않은데, 우리나라와 교류가 많은 인도네시아나 말레이시아 같은 이슬람 국가에서는 여성들이 '히잡'을 사용하기 때문입니다. 히잡은 얼굴은 가리지 않고 머리카락만 감싸는 스카프의 일종입니다. 또 다른 이슬람 여성 복식으로는 차도르Chador가 있습니다. 부르카나 니캅처럼 몸 전체를 가리지만 얼굴은 드러낼 수 있도록 한 옷입니다.

일반적으로 히잡을 입는 이슬람 국가의 경우 부르카나 니캅을 채택한 나라들에 비해 여성 인권 의식이 높은 편이고, 여성이라는 이유만으로 불법적 폭력을 감내해야 하는 경우가 적습니다. 앞서 이란에서는 히잡을 쓰지 않으면 벌금을 내야 한다고 설명했습니다. 이란의 젊은 여성들은 이런 규칙에 많은 불만을 품고 있으며 "나는 히잡을 쓰고 싶지 않다. 법이 개정되어야 한다"고 주장하기도 합니다. 그러나 아프가니스탄이나 파키스탄에서 "나는 부르카를 입고 싶지 않다. 법

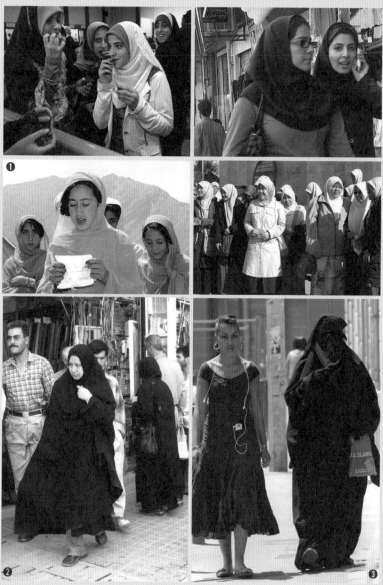

❶ 히잡을 쓴 여성들.
❷ 차도르를 쓴 여성.
❸ 부르카를 입은 여성과 원피스를 입은 여성. 입은 옷이 착용자를 둘러싼 사회 문화와 성향을 말
   해주고 있다.

이 개정되어야 한다"고 말한다면 목숨을 보장받기 힘들 것입니다.

조선 시대 우리나라 여성들은 함부로 맨살을 드러내서는 안 되었으며 외출을 할 때면 장옷이나 쓰개치마로 얼굴을 가렸습니다. 반면 비슷한 시기 유럽 여성들은 가슴 부분이 깊이 파이고 허리를 잘록하게 졸라맨 드레스를 입고 파티를 즐겼습니다. 이런 정보만으로도 우리는 조선과 유럽 중 어느 쪽이 더 성적으로 개방된 사회였는지를 짐작할 수 있습니다. 옷은 이처럼 사회 전체의 흐름을 그리는 단서가 되기도 하는데, 부르카와 니캅이 단순한 옷이 아니라 여성 인권 탄압의 상징처럼 여겨지는 이유도 여기에 있습니다.

법이 부르카를 입으라고 강제하는 것이 인권 침해인 것과 마찬가지로, 법이 부르카를 벗으라고 강제하는 것 또한 인권 침해라는 비판에서 자유로울 수 없습니다. 실제로 부르카 금지법이 발효된 뒤 많은 무슬림 여성들이 금지법에 반대하는 시위에 참가했습니다. 그녀들은 "종교의 자유를 침해하지 말라" 혹은 "부르카를 입든 벗든 그것은 내 자유다. 국가는 내게 무언가를 입으라고도, 벗으라고도 하지 말라"며 목소리를 높였습니다.

2013년, 한 무슬림 여성은 유럽인권법원ECHR에 부르카 금지법이 인권 침해라고 제소했고, 프랑스 정부와 여성인권단체는 부르카 금지법 옹호에 나섰습니다. 이 법의 향방은 아직 결정되지 않았습니다.

부르카는 분명 여성의 인권을 침해하는 성질을 가지고 있는 옷입니다. 그것이 설령 무슬림 여성 스스로 원해서 입는 옷이라 해도 '여성은 남성을 유혹하는 신체 부위를 드러내서는 안 된다'는 종교의 가르침 자체에 성차별적인 요소가 포함되어 있기 때문입니다.

하지만 단순히 부르카를 입지 못하게 한다고 해서 무슬림 여성 인권이 개선되는지 묻는다면 확답할 수 있는 사람은 없을 것입니다. 부르카 금지법이 비판받고 있는 또 다른 이유입니다. 부르카 금지가 그저 '눈에 거슬리는 장애물 치우기'에 불과하다는 것입니다. 부르카를 금지한다고 해서 명예살인이 사라지지도, 이슬람 사회 안에서 여성의 위치가 개선되지도, 잘못된 성관념이 올바른 자리를 찾아가지도 않습니다. 부르카 금지법에 반대하는 사람들은 진정 이슬람 사회 속 여성의 인권을 보호하고 싶다면 그들의 문화에 대해 깊숙이 이해하고 개입해 본질적인 문제를 고쳐나가야 함에도 각국 유럽 정부가 행정편의주의에 따라, 또 이슬람 문화에 대한 반감을 정당화시키기 위해 여성 인권 보호라는 명분을 내세웠을 뿐이라고 주장합니다. 부르카 금지는 곧 이슬람 금지이자 이슬람 혐오라는 것입니다.

여기서 우리는 한 가지 키워드에 다다릅니다. 바로 '이해'입니다. 사람에게는 미지의 것, 이질적인 것을 두려워하는 경향이 있습니다. 그 대상에 대해 알고 이해하려 하기보다는 배척하거나 내쫓으려 하며, 그러기가 힘들다면 기존 문화에 동화시켜 차이의 간격을 줄이고 싶어합니다. 다른 것을 존중하고 인정하기보다는 내게 익숙한 것, 기존에 존재하던 것을 선호합니다.

세계화, 지구촌, 다문화라는 말이 일상이 되었습니다. 그러나 우리는 여전히 다른 인종, 종교, 문화 앞에 두려움부터 앞세웁니다. 이질성이 사회에 끼어드는 것을 거부합니다.

부르카 금지법은 과연 이해를 바탕으로 한 정책일까요? 만일 이슬람에 대한 깊은 이해가 선행되었다면 부르카 금지는 또 다른 모습의 정책이 되었을지도 모릅니다. 부르카 금지의 핵심은 부르카를 금지하는가 허용하는가가 아니라 부르카가 상징하는 이슬람 문화를 서구 국가들이 어떻게 받아들이느냐의 문제에 가깝다고 볼 수 있습니다.

부르카 금지법은 이슬람에 대한 혐오를 표출하고, 무슬림들은 그 혐오감을 감지하고 반발합니다. 어떤 상황에서든 그들만의 방식을 고집하는 무슬림들에게 거부감을 느끼는 사람들도 있습니다. 이러한 이해의 부재가 논란의 핵심입니다. 그럼에도 양쪽 모두 서로를 이해하려 하지 않고 있기에 충돌이 벌어집니다.

몇 년 사이 우리나라에 방문하는 외국인, 거주하는 외국인의 수가 부쩍 늘어났습니다. 국적도 다양합니다. 여러분은 그들을 볼 때 어떤 감정을 느끼나요? 호기심을 느끼는 사람, 무심히 지나치는 사람, 호감을 품는 사람들이 있는가 하면 두려움을 느끼는 사람, 이질감으로 인한 불편함을 느끼는 사람, 혐오감을 느끼는 사람 등 부정적인 감정을 느끼는 사람도 분명히 있을 것입니다.

그러나 그때야말로 그 감정을 이겨내고 대상에 대해 알고자 노력할 때입니다. 이질적인 것에 대한 두려움은 대부분 알지 못하는 상황 자체에서 옵니다. 알지 못하면서 두려워만 하면 스스로도 이유를 설명할 수 없는 미움과 혐오에 갇혀버리게 됩니다.

지금까지 '부르카'라는 옷 한 벌에 얽힌 이야기를 보았습니다. 금지법에 대한 찬반 논쟁에서 여러분은 어느 쪽에 손을 들어주고 싶나요? 손을 들기 전에 각 입장 뒤에 숨어 있는 것이 이성적인 판단인지, 감정적인 치우침인지 먼저 생각해봅시다. 그러기 위해서 먼저 해야 할 일은 그들에 대해 알아가는 일일 것입니다.

옷으로
말하는
사람들
–
옷의 표현력

## 오늘의 뉴스 *News*

2012년 7월 28일, 탑골공원에서 아주 보기 드문 장면이 펼쳐졌다. 공원에 여성들이 하나둘 모여들기 시작하더니 앞다투어 옷을 벗어던진 것이다. 소매 없는 셔츠와 짧은 치마로 팔다리를 노출하거나 상체에는 브래지어만 착용한 여성들이 집단을 이루어 행진을 시작했다. 탑골공원에서 시작된 행진은 청계천을 거쳐 명동예술극장까지 이어졌다. 이 행사는 '잡년행동(슬럿워크 코리아, Slut Walk Korea)'이라는 여성운동단체에서 주관한 것으로, "꾸미기 노동과 성적 대상화, 감정 노동을 거부한다", "누구의 몸도 모욕일 수 없다" 등의 구호를 내세우며 진행되었다. 2011년 고려대학교 의학대학에서 발생한 성폭력 사건 피해 여성에 대한 지지 의사를 표명하기 위한 1인 시위로 시작된 행사는 이후 점차 규모가 커져 집단 행진에 나서게 되었으며 차후에도 같은 취지의 행사를 지속할 것으로 알려져 있다.

## ┇ 여자들은 왜 길에서 옷을 벗었을까?

앞에서 살펴본 행진의 공식 명칭은 '잡년행진'입니다. 이 행진은 왜 일어난 것일까요? 시위 참가자들은 무엇을 말하고 싶었기에 스스로를 '잡년'이라는 비속어로 칭하며 옷까지 벗은 채로 사람들 앞에 나선 것일까요?

사건의 발단은 2011년 캐나다의 요크대학교York University에서 열린 범죄 예방 강연에서 비롯되었습니다. 경찰관 마이클 생귀네티Michael Sanguinetti는 학생들에게 범죄 예방에 대해 가르치다가 이렇게 말했습니다.

"여성들이 성범죄를 피하고 싶다면 옷을 '슬럿'처럼 입지 말아야 합니다."

이 말은 강연을 듣던 여성들의 분노를 샀고, 강연장 바깥까지 일파만파 퍼져나가 캐나다 전국을 강타했습니다. 이 말은 왜 여성들을 화나게 만들었을까요?

우선 '슬럿Slut'이라는 단어의 뜻을 알아야 합니다. 영어 사전을 찾아보면 '난잡한 여자'라고 풀이되어 있습니다. 다소 두루뭉술한 이 말의 용법을 더 찾아보면 '헤프다', '싸구려', '성매매에 종사하는 여성' 등 온갖 부정적인 의미를 접하게 됩니다. 이제 위의 말을 다시 풀어봅시다. "성범죄를 당하지 않으려면 야한 옷을 입지 말라"는 말이 되겠지요.

이 말은 여러 가지 오류를 가지고 있습니다. 우선 성범죄와 옷차림

사이의 연관성은 과학적으로 입증된 바가 없습니다. 그럼에도 두 사안 사이에 상관관계가 있는 것처럼 단정하고 있지요. 하지만 더 큰 문제는 성범죄의 책임을 피해자에게서 전가하는 데 있었습니다. 다시 말해 야한 옷을 입은 여자에게 성범죄를 유발한 책임이 있다는 말이었으니 여성들이 분노한 것은 당연했지요.

이 강연일로부터 약 2개월 후, 3천여 명의 시위대가 모였습니다. 시위대에는 '슬럿처럼' 옷을 입은 여성들이 많이 섞여 있었습니다. 그들은 마이클 생귀네티가 소속되어 있는 토론토 경찰서를 향해 행진하며 외쳤습니다. "무슨 옷을 입었건 성범죄는 피해자인 여성의 탓이 아니다! 책임은 온전히 성범죄를 저지른 가해자에게 있다!"고 말입니다.

▶▶ 2011년 10월 뉴욕 슬럿워크에 참여한 사람들.

## 우리는 왜 옷을 입는가?

사람은 왜 옷을 입을까요? 우리는 당연하다시피 옷을 입고 지내지만 정작 "왜 옷을 입고 지내느냐?"고 묻는다면 곧바로 대답할 수 있는 사람이 많지는 않을 것입니다. 학자들은 사람이 옷을 입게 된 데 기본적으로 다음 세 가지 동기가 있다고 합니다.

- 보호
- 정숙
- 장식

첫 번째 동기인 '보호'에 대해서는 긴 설명이 없어도 이해할 수 있을 것입니다. 옷은 겨울의 추위로부터 체온을 지키고, 여름의 뜨거운 태양으로부터 피부를 지킵니다.

'정숙'은 옷을 이용해 몸을 가리는 행위를 가리킵니다. 우리는 사람들 앞에 맨몸을 내놓는 데 부끄러움을 느끼며, 때문에 물리적인 보호가 필요 없는 상황에서도 옷을 입습니다.

'장식'은 외모를 돋보이게 하기 위한 옷 입기를 말합니다. 예를 들어 흔히 '인디언'이라 부르는 아메리카 원주민들이 쓰던 커다란 깃털 모자는 모자로서의 기능을 이용하기보다는 몸을 장식하기 위한 목적으로 사용하던 장신구였습니다.

외모를 장식하게 만드는 동기에는 여러 가지가 있지만 그중 주목받고 싶은 욕망이 가장 크게 작용합니다. 옷이나 장신구로 자신을 꾸며 사람들의 시선을 끌고 남들보다 돋보이고 싶은 것이지요. 때로는 문신이나 염색 등을 이용해 신체를 직접 장식하기도 합니다.

장식을 하다 보면 남들과 다르게 장식하는 것이 시선을 끌기에 더 효과적이라는 사실을 깨닫게 됩니다. 노란 오리들 사이에 끼어 있는 잿빛 오리가 단번에 눈에 띄듯이 말입니다. 때문에 반드시 장식을 덧붙일 때만 시선을 끌 수 있는 것은 아닙니다. 때로는 남들보다 덜 장식하고, 혹은 몸의 일부를 덜 가림으로써 남들과 자신을 차별화하기도 합니다. 정리하자면, 주목받고 싶은 욕망을 충족시키기 위한 수단이라는 점에서 노출도 장식의 한 방법이라는 것입니다. 그래서 '정숙'이라는 동기와 '장식'이라는 동기는 때때로 서로 모순 관계에 놓입니다. 남들과 달라 보이기 위해 노출도가 높은 옷을 입을 경우, 정숙이라는 동기와 충돌하기 때문입니다. 논리적으로는 모순되어 보이지만 우리는 이미 이 두 가지 동기를 상황에 따라 적절히 조화시키며 생활하고 있습니다. 학교나 회사에 가는 사람은 정숙의 동기를 더 많이 부여받으므로 단정한 옷을 입습니다. 하지만 이성 친구와 데이트를 하러 가거나 휴가를 맞아 여행을 떠날 때는 좀 더 멋져 보이고 싶은 욕망, 즉 장식의 동기를 더 많이 부여받으므로 외모를 돋보이게 해줄 수 있는 옷을 입습니다. 그것이 조금 야하거나 눈에 띈다 하더라도 말입니다.

다시 처음의 이야기로 돌아갑시다. 장식의 동기를 정숙의 동기보다 많이 부여받는 상황은 누구에게나 있게 마련입니다. 그런데 다소 노출도가 높은 옷을 입었다는 이유만으로 "성범죄를 유발하는 일"이라고 정의하는 것은 오랜 세월에 걸친 인류의 '의衣'생활을 부정하는 것과 다름없습니다. 인간의 본능이나 다름없는 장식에의 욕구를 비난한 격이니 비난 대상이 된 여성들로서는 화가 날 수밖에 없었습니다. 경찰관 한 명의 실언 때문에 일어난 시위는 슬럿워크<sup>Slut Walk</sup>라 이름지어졌고 세계 각지로 퍼져나갔습니다. 그리고 우리나라에는 '잡년행진'이라는 이름으로 소개되어 탑골공원에 등장한 것입니다.

'슬럿', '잡년'이라는 비속어를 단체 이름으로 내걸었다는 점에 의문이 제기되기도 하고, 노출을 통한 과격한 의사 표현 방식 때문에 비판을 받기도 합니다. 하지만 시위의 목적이 다른 사람들의 관심과 참여를 유도하는 것임을 생각해보면 슬럿워크는 성공한 시위이자 옷을 통해 자신의 의견을 표현한 좋은 예라 할 수 있습니다.


## ⋮ 사랑과 평화를 외친 사람들

장발, 청바지, 늘어진 프린지<sup>fringe, 옷이나 스카프의 가장자리에 붙이는 술 장식</sup> 셔츠, 비즈와 손뜨개로 완성한 머리띠, 손과 머리에 장식한 꽃, 그리고 평화의 심벌. 한때 세계적으로 유행했던 히피 패션의 전형적인 모습입니다.

히피<sup>Hippie</sup>란 1960년대 미국에서 젊은이들을 중심으로 일어난 반체제 사회운동, 그리고 그 운동에 참여한 사람들을 뜻하는 말입니다.

당시 미국 정부는 베트남 전쟁<sup>1956~1975</sup>을 벌이는 중이었습니다. 19세기 베트남은 프랑스의 식민지였습니다. 하지만 제2차 세계대전이 끝나고 우리나라를 포함한 세계의 여러 식민지들이 해방될 무렵, 베트남 역

시 무력 투쟁을 전개해 프랑스를 이기고 독립을 쟁취했습니다. 베트남의 독립을 이끈 것은 '베트민Viet Minh'이라는 공산주의 세력이었습니다.

전쟁이 끝난 후 중국과 소련은 베트남에 공산주의 세력을 확장시키고자 했습니다. 하지만 무작정 베트남을 공산화시키려 하다가는 미국과 충돌할 가능성이 있었습니다. 그래서 베트남은 위도 17도선을 기준으로 남북으로 나뉘어 북베트남은 중국과 소련의 후원을, 남베트남은 미국의 후원을 받게 되었습니다. 어디서 많이 본 듯한 상황이지요? 그렇습니다. 남북으로 갈라져 아직까지 분단국의 신세를 면하지 못하고 있는 우리나라를 꼭 닮았지요.

미국의 원조를 받는 남베트남에는 1955년 '베트남공화국'이 세워졌

고, 1956년에는 선거를 통해 응오딘지엠Ngo Dinh Diem, 1901~1963이라는 대
통령을 선출했습니다. 응오딘지엠은 미국의 지원을 받아 공산주의를
배척하는 '반공법'을 제정하고, 공산주의 정치정당인 노동당을 무력
탄압했습니다. 동시에 응오딘지엠은 토지개혁으로 농지를 분배받았던
농민들로부터 다시 토지를 회수하고, 총선거를 거부했으며, 지주층과
군부세력과 결탁해 독재정치를 펼쳤습니다. 남베트남 국민들은 그런
응오딘지엠에 반기를 들기 시작했고, 그와 대립 중이던 공산주의자들
이 가장 크게 저항에 나서며 전국 각지에서 봉기가 일어났습니다. 남
베트남의 공산주의자들은 북베트남의 지원을 받아 '남베트남 민족해
방전선NLF'를 구성해 정부군을 상대로 게릴라전을 펼쳤습니다.

계속된 혼란 끝에 1963년, 응오딘지엠은 결국 군사 쿠데타로 정권
을 빼앗기고 살해당했습니다. 그러나 이후로도 남베트남에서는 쿠데
타가 반복되며 정권을 서로 차지하려는 싸움이 끊이지 않았습니다.
국내의 정국이 안정되지 않자 남베트남 정부는 공산주의 세력과의
싸움에서 점점 밀리기 시작했습니다.

상황을 지켜보던 미국은 남베트남이 공산국가가 될 것을 우려해
1967년 11월에 이르기까지 약 50만 명의 군대를 베트남에 파병해 북
베트남과 싸웠습니다. 우리나라도 30만 명의 군사를 파견하며 참전했
습니다. 필리핀, 태국, 오스트레일리아, 뉴질랜드 등도 미군의 편에 섰
습니다. 이 전쟁이 우리가 말하는 '베트남 전쟁'입니다.

베트남 전쟁은 베트남의 공산화를 막는다는 명분으로 시작된 전쟁
이었으며, 미국은 베트남 전쟁이 정의를 위한 전쟁이라고 주장했습니
다. 그러나 전쟁이 길어지며 약 500여 명의 오스트레일리아군, 5천 여

명의 한국군, 5만 8천여 명의 미군, 200만여 명의 베트남군과 시민들이 사망하는 등 희생자가 기하급수적으로 늘자 세계 곳곳에서 "그만한 희생을 무릅쓰고 전쟁을 계속할 만한 이유가 있는가?"라는 의문이 제기되었습니다. 또 대량살상무기* 투하, 고엽제와 같은 화학무기 사용, 어린이나 노인도 가리지 않는 민간인 학살 등 전쟁의 잔혹한 실상이 널리 알려지면서 1960년대 중반, 전쟁 반대 운동이 미국 전역을 휩쓸었습니다.

이런 사회 분위기 속에서 태어난 사람들이 바로 히피입니다. 히피들은 폭력과 물질주의로 점철된 기존 사회 구조에서 벗어나 모든 문제에서 평화적인 해결 방안을 찾고자 했습니다. 그들은 "사랑과 평화 Love and Peace"라는 구호를 외치며 전쟁과 정치적 분쟁, 각종 폭력에 저항했습니다.

*
베트남 전쟁에서 쓰인 네이팜 탄(Napalm bomb)은 섭씨 3천 도에 달하는 고열을 내며 투하된 지역의 반지름 30미터 이내를 모두 불태워버리는 위력적인 폭탄입니다. 영향이 미치는 지역의 생명체를 말살하며 살아남은 생명체에게도 심각한 후유장애를 남깁니다. 현재는 비인도적인 무기로 판단되어 사용이 금지되었습니다.

히피들은 전쟁이나 폭력뿐 아니라 인간을 틀에 맞추려는 사회 체제에도 반대했습니다. 학교 교육, 직장에서의 노동, 심지어 정부와 법률까지도 거부했습니다. 그들은 집단 거주를 하며 음악과 예술을 즐기고, 자유분방하게 연애를 하며, 자연과 평화를 찬양하고 내킬 때마다 여행길에 오르는 등 자유로운 삶을 추구했습니다.

뚜렷한 경제활동을 하지 않는다는 점, 사회의 규칙에 따르지 않는다는 점, 마약 등 사회적 금기를 어긴다는 점 등으로 인해 많은 비판을 받기도 했지만, 히피 문화는 1960년대 주류 사회를 비판하는 큰 흐름의 한 줄기였습니다.

❶ 베트남 전쟁 중에 일어난 '미라이 학살'이라 불리는 사건의 민간인 희생자들이다. 약 350명에서 504명으로 추정되는 사망자가 나왔는데 이들 중 대부분은 무장하지 않은 민간인들이었다.
❷ 반베트남 전쟁 시위 중인 사람들. 한 히피 여성이 군인에게 평화의 상징인 꽃을 건네고 있다.

히피들은 그들이 입는 옷에도 이러한 삶의 철학을 녹여 넣었습니다. 실을 꼬아 줄줄이 늘어뜨린 프린지 장식이나 구슬로 만든 액세서리는 아메리카 원주민에게 영감을 얻은 것이었습니다. 머리에 꽂은 꽃은 자연 찬미의 상징이었지요. 또 하나 히피 패션에서 빼놓을 수 없는 액세서리는 바로 평화의 심벌peace symbol 목걸이입니다. 간단히 '피스 목걸이'라고 말하기도 하는 이 목걸이는 현재까지도 인기가 있지요. 특히 록 가수들이 많이 착용합니다.

이 평화의 심벌은 1985년 핵무장 반대 운동을 펼치던 영국의 디자이너인 제럴드 홀텀Gerald Holtom에 의해 고안된 문양입니다. 이 문양은 알파벳 N과 D를 겹쳐놓은 모양을 나타낸 것인데, 바로 '핵무장 반대Nuclear Disarmament'의 머릿글자를 따온 것이지요.

▶▶ 평화의 심벌.

어느 부분이 알파벳 N이고 D인지 잘 모르겠다고요? 당연합니다. 이 글자는 우리가 쓰는 보통 알파벳이 아니라 바다 위에서 뱃사람끼리 소통하기 위한 수기신호를 바탕으로 만든 것이니까요. 이 수기신호를 세마포어Semaphore라고 하는데, 평화의 심벌 문양은 이 세마포어에서 아이디어를 얻어 만들어진 것입니다.

히피 패션은 디자이너의 손에 의해 만들어진 패션이 아니라 시대의 흐름에 저항하고자 한 민중들 사이에서 자연스럽게 탄생한 패션이라는 데 그 독특한 의의가 있습니다. 히피들은 그들의 옷차림을 통해 자유와 평화, 자연의 가치를 표현하고 싶어 했습니다. 언뜻 너저분하거나 허름해 보이던 그들의 옷이 이제는 조금 다르게 보이지 않나요?

# ∷ 옷은 또 하나의 입!

제한 없는 자유의 가치를 외치는 사람이 딱딱한 군복이나 정장을 입고 있다면 그 모습을 보는 사람들은 괴리감을 느낄 것입니다. 관습과 규칙의 중요성을 이야기하는 사람이 머리에 꽃을 꽂고 치렁치렁 늘어진 프린지 셔츠를 입고 있다면 마찬가지로 어색함을 느끼겠지요.

앞에서 옷을 입는 기본적인 동기로 보호와 정숙, 장식이 있다고 이야기했습니다. 여기에 또 하나의 동기를 더할 수도 있을 것 같습니다. 바로 '표현'입니다.

우리는 옷을 통해 나의 생각과 의견을 여러 사람에게 전달할 수 있습니다. 때로 특정 문구가 쓰인 티셔츠가 유행하기도 합니다. 평범한 티셔츠가 많은 사람들에게 사랑받는 이유는 단지 셔츠가 예뻐서 때문이라기보다는 쓰인 문구가 많은 사람들의 공감을 샀기 때문입니다. 사람들은 문구가 쓰인 옷을 입음으로써 한마디 말 없이도 "나는 이 문구의 내용에 공감하며 지지한다"는 것을 나타낼 수 있습니다. 지금은 이미 정치적 성향에 관계없는 패션의 한 부류로 자리 잡았지만, 1960년대에 히피 패션을 연출했던 사람들은 "나는 자유와 평화를 지지하는 히피"라고 말하는 것과 다름없었을 것입니다.

레이디 가가Lady Gaga라는 가수가 있습니다. 그녀는 항상 사람들을 깜짝 놀라게 할 만한 독특한 의상을 선보이는 것으로 유명한데, 어느 시상식에 진짜 소고기로 만든 드레스를 입고 나와 세계적인 주목을 받았습니다. 사람들은 왜 그녀가 소고기로 만든 드레스를 입고 나왔는지, 도대체 그녀가 무엇을 말하고 싶은 것인지 알고 싶어 논쟁을 벌였습니다. 그녀가 한 일은 그저 독특한 옷을 입고 무대에 선 것뿐이지만, 그것만으로도 그녀의 행동은 전달력을 지니고 사람들로 하여금 그녀의 의중을 분석하게 만든 것입니다.

이처럼 옷의 영역은 때로 우리의 생각을 훌쩍 넘어서 그 자체가 사회현상이 되기도 합니다. 옷은 보호와 정숙, 장식의 수단인 동시에 옷을 입은 사람의 내면과 정체성을 나타내는 강력한 표현의 수단이기 때문입니다.

히피 패션처럼 옷이 표현하고자 하는 바가 자연스럽게 힘을 얻어 패션 조류를 형성하는 경우가 있는가 하면, 옷의 표현력을 인위적으로 활용하는 경우도 있습니다. 그게 어떤 옷이냐고요? 다음 장에서 살펴보도록 합시다.

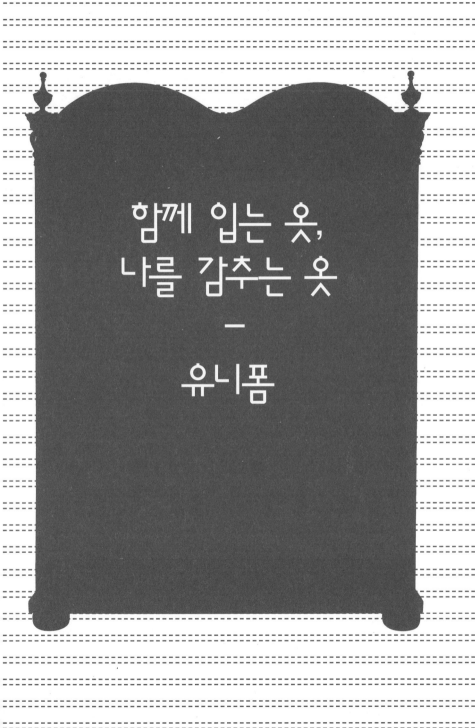

함께 입는 옷,
나를 감추는 옷
—
유니폼

2012년 4월 '학생인권조례'가 제정되며 '교복'에 대한 논란이 다시 불거졌다. 조례에 '두발·복장 자율화 등 개성을 실현할 권리'가 언급되며 두발과 복장 단속을 유지하려는 학교와 두발 및 복장 자율화를 원하는 학생들 사이에 마찰이 발생한 것이다.

우리나라는 대한제국 시기인 1904년, 이화학당(현 이화여대)에서 최초로 교복을 도입한 이후 많은 학교에서 교복을 지정해왔다. 1980년대 이전까지 교복은 어느 학교나 큰 차이 없는 검은색 상하의였다. 이런 획일화된 복장이 학생들의 창의성 발달을 해친다는 이유로 1983년 복장 자율화가 이루어졌다. 그 후 3년간 학생들은 입고 싶은 옷을 자유롭게 입을 수 있었지만, 복장 자율화가 오히려 빈부 격차를 눈에 띄게 해 학생들 사이의 위화감을 조성한다는 의견, 학교 측에서 학생 지도에 불편을 겪는다는 의견들 늘어나며 1986년에 교복은 부활했다. 80년대 이후부터는 복장 자율화 이전에 비해 교복의 형태가 다양해졌으며 오늘날에는 매우 다양한 디자인의 교복들이 있다.

## ⁞ 옷은 입는 사람의 개성‘만’ 표현한다?

지구의 인구는 2012년 기준으로 70억 명. 이 수는 해마다 약 8천만 명씩 늘고 있습니다. 이렇게 많은 사람과 부대끼며 살아가는 우리에게 옷은 나와 남을 구별해주는, 다시 말해 개성을 표현하게 해주는 아주 유용한 도구입니다.

유명인들 중에는 옷을 통해 자신의 개성을 효과적으로 부각시킨 사람들도 많습니다. 누가 있는지 떠올려볼까요?

기업인 중에도 독특한 패션으로 널리 알려진 사람이 있습니다. 지금은 세상을 떠난 스티브 잡스Steve Jobs, 1955~2011입니다. 그는 검은 터틀넥 티셔츠에 청바지, 운동화라는 한 가지 스타일만을 고집했습니다. 공식 석상에서 언제나 같은 모습만을 보였기 때문에 사람들은 이 패션을 스티브 잡스의 상징으로 기억하고 있지요.

❶ 늘 비슷한 옷을 입고 공식 석상에 나섰던 스티브 잡스.
❷ 트레이드 마크인 페도라를 쓰고 스카프를 두른 조니 뎁의 모습.

영화배우 조니 뎁Johnny Depp은 페도라*와 스카프를 잘 활용하는 패션으로 유명합니다. 수염과 스카프, 모자가 멋스럽게 매치되어 자유로운 그의 이미지를 잘 나타내주지요. 그런가 하면 옷을 괴상하게 입는 것이 오히려 하나의 개성이 되는 경우도 종종 찾아볼 수 있습니다. '패션 테러리스트'라는 별명으로 불리는 유명인들이 그 예가 될 수 있겠지요.

이처럼 옷이란 일반적으로 각자의 매력과 개성을 뽐내기 위한 수단입니다. 하지만 생각해보면 우리는 개성을 철저하게 감추는 옷도 정말 많이 입고 있답니다. 개성을 감추는 옷? 어떤 옷이 그런 옷일까요? 바로 함께 입는 옷, 유니폼이 대표적인 '감추는 옷'입니다.

유니폼이라고 하면 운동경기에서 입는 옷에만 국한시켜 생각하기 쉽지만 많은 사람들이 훨씬 다양한 용도로 유니폼을 입고 있습니다. 유니폼uniform은 라틴어로 '하나'라는 뜻의 우누스unus와 '형태'라는 뜻의 포르마forma가 합쳐져서 만들어진 단어로 '일정한 형태'를 의미합니다. 따라서 둘 이상의 사람이 일정한 형태로 입는 옷 전부가 유니폼이라는 넓은 범위 안에 포함되지요. 그럼 얼마나 많은 유니폼이 우리 생활에 쓰이고 있는지 한번 살펴볼까요?

*
중절모의 일종. 넓은 리본으로 장식하며 머리를 덮는 크라운 부분이 움푹 들어가 있습니다.

## ∴ 가장 많은 사람들이 입는 유니폼, 군복

군복은 가장 많은 사람이 입는 유니폼입니다. 2011년 세계은행의 자료에 따르면 전 세계 군인의 수는 약 2천 8백만 명이라고 합니다. 세계 인구가 약 70억이니 1천 명 중 4명은 군복을 입고 있는 셈이지요. 그중에서도 휴전국인 한반도는 아주 특이한 경우라고 할 수 있습니다. 북한의 경우 1천 명 당 45명, 우리나라는 14명 정도가 군복을 입고 있는 군사 밀집 지역이기 때문입니다.

가장 대표적인 유니폼인 만큼 군복은 그 역사도 오래되었습니다. 여러 문화권에서 원시적인 형태의 군복을 입었던 것으로 추측되지만 유물이 남아 있지 않기 때문에 언제 어떤 지역에서 군복을 입기 시작했는지 뚜렷이 밝히기는 쉽지 않습니다.

고대 도시국가인 그리스의 경우 암포라Amphora라고 하는 도자기에 군복의 모습을 그려놓았습니다. 때문에 그리스가 군복을 입었던 최초의 문화권 중 하나라는 것을 알 수 있지요.

암포라에 나타난 모습과 고대 문헌을 통해 본 그리스 군인의 모습을 살펴봅시다. 머리에는 청동 투구를 쓰고 있고 정강이에도 같은 재질의 다리 보호대를 차고 있습니다. '아마'라는 식물의 섬유로 만든 아마포 여러 겹에 풀을 발라 압축한 갑옷을 입고, 그 밑으로는 키톤Chiton이라 불리는 옷을 입었습니다. 키톤은 재단해서 꿰매는 옷이 아니라 한 장의 커다란 천을 몸에 두르는 형식이었어요. 그리고 길이 약 2미터의 창과 지름 약 1미터의 방패를 들고 있습니다.

이것이 우리가 확인할 수 있는 인류 초창기의 군복이자 유니폼의 시초입니다. 최소 기원전 5세기 경부터 사람들은 군복을 입었다는 뜻이 됩니다.

그 이후 군복은 오랜 시간을 거치면서 오늘날의 것으로 발전했습니다. 그 과정에서 싸우기 위한 군복이 아닌 보여주기 위한 군복도 탄생합니다.

▶▶ 기원전 530년경에 제작된 암포라에 나타난 그리스 도시국가 군인들.

### 세상에서 가장 화려한 유니폼, 후사르

후사르Hussar란 15세기부터 유럽 각지에 나타나기 시작한 경기마병인데, 이들은 이전에는 볼 수 없던 화려한 군복을 입었던 것으로 유명합니다. 기마병은 말을 타고 다니는 부대이기 때문에 사람과 말이 조화가 된 모습을 중요시했고 점차 말에게까지 장식을 하게 되었습니다.

그중에서도 으뜸은 폴란드의 후사르였습니다. 그들은 당시 유행하던 화려한 금속 갑옷을 입고 말에게도 온갖 금속과 보석으로 만든 장식을 달았으며 그것도 모자라 커다란 한 쌍의 날개를 말의 몸통에 달았다고 합니다. 긴 원통형 막대에 타조의 깃털을 촘촘히 꽂아 만든 커다란 날개를 말의 양쪽에 부착한 것입니다. 그 모습을 한번 상상해 보세요. 마치 그리스 신화에 나오는 페가수스 같겠지요?

▶▶ 17세기경 타조 깃털 날개로 장식한 폴란드 후사르의 말.

한 이탈리아 사신은 후사르들이 무리지어 행진하는 모습을 보고 기록을 남겼는데, 이 기록을 통해 그들의 아름다운 모습이 얼마나 많은 사람들을 감동시켰는지 짐작할 수 있습니다.

"본 기병대의 위엄과 아름다움을 말로 한들 무엇하리. 길게 늘어뜨린 삼각 깃발을 달고 있는 창, 호랑이 가죽, 그리고 빼어난 말, 금이 치렁치렁한 등자와 고삐, 자수와 진귀한 보석들. 저들의 복장을 굳이 말로 설명하는 일은 그 아름다움을 외려 반감시킬 뿐인 것을. 세상 하나뿐인 기사도여. 그 힘과 위풍당당함은 직접 눈으로 보지 않는 한 상상도 못 하리라."

폴란드의 기병대는 전 유럽에 그 이름을 떨쳤고, 유럽 각국에서는 이들의 모습을 본보기로 기병대를 꾸몄습니다. 현재도 유럽에 가면 화려한 복장의 기병부대를 볼 수 있는데 여기에는 후사르의 영향이 크게 미쳤습니다.

지금도 대부분의 군인에게는 두 가지 군복이 지급됩니다. 실제 전투에 임할 때 입는 전투복, 공식 행사에서 입는 정복입니다. 전투복은 최대한 눈에 띄지 않게 만듭니다. 적의 감시에 포착되면 효과적인 전투를 수행할 수 없기 때문입니다. 대부분 주변의 자연물과 비슷한 색으로 염색해 주변 환경에 녹아들 수 있도록 하며 움직이기 편하도록 디자인합니다.

하지만 정복은 정반대입니다. 재단을 딱딱하게 하고 여러 가지 장식을 부착합니다. 움직이기 편안한 옷이라기보다는 입었을 때 보기 좋은 옷입니다. 정복은 군인들의 자긍심을 높여주기 위한 옷이기 때문에 보다 화려하고 눈에 띌 필요가 있기 때문입니다.

하지만 모든 군복에는 공통점이 있습니다. 둘 모두 유니폼이라는 것입니다. 거친 옷이든 화려한 옷이든 옷을 입는 개개인의 개성을 죽이고 집단으로서의 정체성을 강조한다는 점은 마찬가지입니다. 자세히 따지고 보면 군인들이 입는 유니폼은 전투복과 정복만이 아닙니다. 숙소에서 입는 실내복, 양말, 심지어는 속옷까지 군에서 지급해 가능한 한 통일된 의복을 입을 수 있게 합니다. 고위직 군인에게는 정복 외에도 특별히 격식을 차려야 하는 자리에서 입는 예복이 있습니다.

군인들에게 이런 유니폼이 필요한 이유는 무엇일까요? 대답을 하기에 앞서, 좀 더 다양한 유니폼을 살펴봅시다.


## ⸫ 세상에서 가장 비싼 유니폼?

우리가 평소에 가장 많이 볼 수 있는 유니폼은 아마 운동선수들의 운동복일 것입니다. 야구, 축구, 농구, 배구 등 종목을 막론하고 단체 경기에 참가하는 선수들은 모두 유니폼을 입습니다. 팀을 서로 구분하기 위해서입니다.

하지만 운동선수들이 처음부터 유니폼을 입었던 것은 아닙니다. 축구를 예로 들면 중세 시대 영국에서 하던 축구는 오늘날의 축구와 상당히 달랐습니다. 국가 대항전이나 팀 대항전이기보다는 '동네' 대항전인 경우가 많았는데, 정해진 수의 선수가 출전하는 것이 아니라 동네 사람 모두가 나와 바람 채운 돼지 방광을 발로 차고 손으로 들고 돌진하며 상대방 마을로 몰고 들어가는 놀이였습니다. 이 돼지 방광 공을 막기 위해 서로 엉키고 싸우는 통에 수없이 많은 사람들이 죽거나 다쳤습니다. 이처럼 폭력적이었던 탓에 스코틀랜드의 왕이었던 제임스 1세James I,1394~1437는 축구를 법으로 금지시키기도 했고, 영국의 에드워드 3세Edward Ⅲ, 1312~1377는 병사들이 축구에 빠져 활쏘기 연습을 게을리한다는 이유로 축구 경기를 금지시키려고도 했습니다. 유니폼을 챙겨 입는 일은 상상하지도 못하던 시절입니다.

이후로도 축구는 학생들을 중심으로 계속 명맥을 유지합니다. 오랜 시간이 흘러 1848년, 영국의 공립학교 14곳의 대표가 케임브리지 대학교에 모여 '케임브리지 규칙Cambridge Rules'으로 알려진 축구 경기 규칙을 제정했습니다. 이때부터 축구는 오늘날에 가까운 형태로 발전하기 시작했고 유니폼도 입기 시작했습니다. 다만 처음에는 똑같은 유니폼을 맞춰 입는 대신 색을 통일한 모자를 써서 상대 편과 내 편을 구분했다고 합니다.

비슷한 시기, 미국에서는 야구 경기에서 유니폼을 입기 시작했습니다. 당시의 유니폼이 지금과 가장 차이가 나는 부분은 소재였습니다. 옷은 양모로 만들었고 머리에는 밀짚모자를 써서 운동을 하다 보면 땀으로 옷이 축축해져 불편함이 이만저만이 아니었다고 합니다. 지금은 싸고 튼튼하며 통기가 잘 되는 합성섬유들이 개발되어 가벼운 유니폼을 입을 수 있게 되었지요.

운동선수들의 유니폼은 생산 원가가 아주 저렴한 편입니다. 대부분 얇은 티셔츠에 바지로 이루어진 간소한 복장이다 보니 옷감이 많이 들지도 않고, 그 소재 또한 값이 저렴한 폴리에스터가 주로 쓰입니다.

하지만 경우에 따라서는 가장 비싼 유니폼이 되기도 합니다. 운동 선수들의 옷은 움직이는 광고판이나 다름없기 때문입니다.

인기 있는 스포츠 경기는 많은 사람들이 관람하고 그 중계를 시청 하기 때문에 노출 효과가 굉장히 높습니다. 영국 프로축구 경기인 프 리미어리그Premier League의 경우 전 세계 시청자가 약 6억 명에 다다릅 니다. 이렇게 많은 사람들이 보고 있는 선수들의 유니폼은 기업 입장 에서 좋은 광고판이 되겠지요? 팬이 많고 인기 있는 팀이라면 광고 효과는 더더욱 올라갈 것입니다. 따라서 광고를 싣기 위해 벌이는 경 쟁도 치열하고 비용도 천문학적으로 들어갑니다.

영국 프리미어리그 축구팀 아스널Arsenal과 스페인 프리메라리가 Premiera Liga 축구팀 레알 마드리드Real Madrid 유니폼에는 에미레이트 항 공사Emirates Airline의 로고가 붙어 있는데, 이를 위해 에미레이트 항공사 가 각 축구팀에 지불하는 비용은 1년에 약 500억 원 정도입니다. 삼성 은 프리미어리그에 소속되어 있 는 첼시Chelsea 선수들의 유니폼 에 로고를 부착하기 위해 연간 300억 원 정도를 지불하고 있습 니다. 그만큼 유니폼을 통한 광 고 효과가 크다는 뜻입니다.

▶▶ 스페인 축구팀 레알 마드리드의 유니폼.
에미레이트 항공사의 로고가 새겨져 있다.

또 유명 스포츠 팀의 유니폼은 팬들에게도 판매되는데, 그 가격은 제작 비용에 비해 높은 편입니다. 따지고 보면 저렴한 티셔츠에 스포츠 팀의 로고를 새겨 넣은 것뿐인데도 말입니다. 특정 선수의 이름이나 등번호 등을 새겨 넣으면 추가 비용을 받기도 합니다. 그런데도 사람들은 응원하는 스포츠 팀의 유니폼을 구매할 때 "원가에 비해 너무 비싸다" 같은 불평을 거의 하지 않습니다. 유니폼에 부여되어 있는 보이지 않는 가치를 충분히 이해하고 있기 때문입니다. 옷이 생필품으로서의 '옷' 이상의 역할을 하는 대표적인 사례입니다.

## 10대들의 유니폼, 교복

우리나라 중고등학교 학생들은 대부분 교복을 입습니다. 반면 교복을 입지 않거나, 일부만 입는 나라도 있습니다. '교복'은 학생들의 유니폼인 동시에 한 사회가 10대 학생들을 어떻게 바라보는지를 드러내는 사회적인 옷이기도 합니다.

우리나라에서도 교복은 그 강제성에 대한 논란이 분분합니다. 유니폼으로서의 장점과 단점이 분명하기 때문이지요.

교복을 찬성하는 이유부터 살펴볼까요? 교복을 입으면 사복을 입을 때보다 경제적 부담이 줄어듭니다. 교복이 정해져 있으면 교복 한두 벌만으로 몇 년에 걸쳐 학교생활을 할 수 있지만, 교복을 입지 않는 경우에는 최신 유행에 따른 옷을 계속해서 구입해야 하기 때문입니다.

때문에 교복은 빈부 격차에서 오는 소외감을 줄여줍니다. 교복은 모두 같은 옷감, 같은 디자인으로 만들어지기 때문에 최신 유행 옷인지 아닌지, 비싼 옷인지 싼 옷인지에 따른 괴리감을 없애줍니다.

또 교복을 찬성하는 사람들은 교복이 학생들을 바르게 행동하도록 도움을 준다고 말합니다. 미국 캘리포니아 롱비치 교육지구는 1994년부터 교복 착용을 의무화한 결과 학생들이 저지르는 범죄가 5년 만에 84%나 줄어들었다고 밝혔습니다. 10건이던 학생 범죄가 교복을 착용하고 나서는 2건 남짓으로 줄어든 셈이니 정말 대단한 변화라고 할 수 있지요.

게다가 교복은 보다 안전한 옷입니다. 교복이 없다면 외부 출입자가 아무런 제재 없이 학교를 출입할 수 있을 테고, 그러면 학생들의 안전에 위협이 될 수 있으니까요. 특히 총기 소유가 가능한 미국에서는 헐렁한 옷에 총을 숨겨 들어와 총기 난사 사건을 일으키기도 하므로 교복은 보다 효율적인 복장이 될 수 있습니다. 또한 학교 밖에서라도 교복을 입고 있으면 학생이라는 것을 쉽게 인지할 수 있기 때문에 범죄, 혹은 사고 현장에서 더 적극적인 보호를 받을 수 있습니다.

하지만 교복을 반대하는 사람들은 위에서 살펴본 교복의 장점들 중 많은 부분을 반박하고 있습니다. 경제적인 면부터 살펴보면 교복이 오히려 경제적인 부담을 더 크게 만들 수도 있다는 것입니다. 다시 말하면 아주 가난한 사람에게는 학교를 가기 위해 교복을 구매하는 것 자체가 감당하기 힘든 추가 비용이 될 수 있다는 이야기이지요.

쉽게 예를 들어봅시다. 두 아이가 있습니다. 첫 번째 아이는 중산층 가정의 자녀로 1년에 약 100만 원의 돈을 의복비로 사용합니다. 학교에 들어가면서 교복을 구입하는 데 30만 원 정도를 사용하자 의복비는 70만 원이 남았습니다. 하지만 괜찮습니다. 교복 덕분에 다른 옷을 사야 할 필요가 많이 줄어들었거든요. 그렇게 1년이 지나고 보니 의복비가 오히려 평소보다 절약되었습니다. 이런 결과를 놓고 보면 교복이 경제적인 옷이라는 주장은 틀리지 않습니다.

두 번째 아이는 아주 가난한 집의 아이입니다. 옷에 쓸 수 있는 돈이 1년에 10만 원뿐입니다. 그런데 학교에 가기 위한 옷을 마련하는 데만 30만원이 들게 생겼습니다. 어떻게 해야 할지 앞이 깜깜해지지요. 실제로 심심치 않게 벌어지는 상황입니다.

캄란이라는 13세 소년이 있었습니다. 캄란은 아주 총명했지만 학교에 다닐 수가 없었습니다. 부모님이 너무 가난해서 학비를 줄 수 없었기 때문이지요. 그러던 어느 날, 캄란은 아주 기쁜 소식을 듣게 되었습니다. 인근의 사립학교에서 캄란의 안타까운 소식을 듣고 무료로 학교를 다니게 해주겠다고 한 것입니다. 학교에 갈 수 있게 된 캄란은 어머니에게 교복을 사달라고 부탁했습니다. 다른 아이들처럼 깨끗한 교복을 입고 학교에 가고 싶었던 것입니다. 하지만 가난한 어머니는 아들의 간청을 들어줄 수가 없었습니다. 며칠 동안 어머니를 졸라봐도 소용이 없자 캄란은 절망했습니다. 그리고 집을 뛰쳐나가서 제 몸에 휘발유를 붓고 불을 붙여 스스로 목숨을 끊고 말았습니다.

캄란의 이야기는 2012년 파키스탄에서 실제로 일어났던 일입니다. 빈곤층에게는 교복조차 견디기 힘든 부담이 될 수도 있음을 보여준 단적인 사례이지요.

교복이 학생들을 더 바르게 행동하도록 도와준다는 이야기에도 허점이 존재합니다. 교복을 도입한 후 학생 범죄가 84% 감소되었다는 캘리포니아 롱비치의 이야기를 좀 더 뜯어보면 새로운 정보가 발견됩니다. 교복을 도입하는 동시에 범죄 예방을 위한 순찰과 범죄에 대한 처벌을 획기적으로 강화시켰다는 사실입니다. 때문에 범죄가 줄어든 원인을 교복 때문만으로 단정할 수는 없습니다.

이들 외에도 교복에 대해 반대하는 핵심적인 이유가 있습니다. 그것은 '개성 상실'과 '표현의 자유 침해'입니다. 사람에게는 각자의 개성이 있고, 그것을 표현할 자유가 있습니다. 교복은 개성을 없애고 자기를 표현할 기회를 빼앗습니다.

만일 통일성보다 개별성이, 획일화보다 다양화가 더 중요하다고 생각하는 사람이라면 교복이 아이들의 자기 계발에 부정적인 영향을 미친다고 말할 수 있을 것입니다. 사회 구성원 중 다수가 학생들의 보호와 통제를 보다 중요하게 여긴다면 그 사회는 교복을 채택할 것입니다. 반대로 보호와 통제보다 자유와 개성 표현이 더 중요하다고 생각하는 사람이 다수인 사회라면 교복을 채택하지 않을 것입니다.

영국은 교복을 입습니다. 프랑스는 입지 않습니다. 호주는 교복을 입습니다. 독일은 입지 않습니다. 중국은 교복을 입습니다. 캐나다는 입지 않습니다. 일본은 교복을 입습니다. 덴마크는 입지 않습니다.

교복을 입느냐 입지 않느냐로 그 나라의 사회적 가치관을 모두 판단할 수는 없습니다. 하지만 사회가 공유하는 큰 공감대가 옷으로 나타난다는 점에서 교복은 독특한 유니폼이라 할 수 있습니다.

## ∴ 그 밖의 유니폼들

이외에도 유니폼을 입는 사람들은 곳곳에서 찾아볼 수 있습니다. 우리는 은행이나 병원에서 유니폼을 입은 사람들을 만나볼 수 있습니다. 비행기·기차·버스 같은 대중교통에서도, 혹은 식당이나 극장에서도 유니폼은 쉽게 눈에 띱니다. 이들은 왜 유니폼을 입을까요?

### 코퍼레이트 아이덴티티(corporate identity)

코퍼레이트 아이덴티티란 기업의 이념·목표·행동·표현 등을 통일해 기업의 정체성과 의식을 확립하고 기업 이미지를 향상시키는 일련의 일들을 가리킵니다. 궁극적인 목표는 소속 사원들의 의식과 애사심을 키우고, 소비자에게 기업의 이미지를 단단히 각인시켜 브랜드를 홍보하는 것입니다.

유니폼은 브랜드 이미지를 만드는 데 큰 역할을 합니다. 항공사 승무원의 유니폼은 대표적인 예입니다. 각 항공사는 기업의 이미지를 반영해 유니폼을 디자인합니다. 프랑스의 에어프랑스<sup>Air France</sup>라는 항공사의 유니폼은 프랑스의 유명 디자이너 크리스찬 라크르와가 디자인한 것으로 유명합니다. 승무원의 복장을 통해 고급스럽고 우아한 기업 이미지를 강조하기 위한 것입니다.

우리나라의 대한항공 승무원은 역시 유명한 이탈리아 디자이너 지안 프랑코 페레<sup>Gian franco Ferré</sup>가 디자인한 푸른색 유니폼을 입습니다. 이는 우리나라 청자의 푸른빛에서 영감을 얻은 것이라고 합니다. 대한항공은 비행기, 기내 인테리어, 항공기 티켓, 기내식 용기에 이르기까지 모두 같은 푸른색을 이용하고 있습니다. 특정 색을 이용함으로써 창공·비상·자유와 같은 긍정적인 이미지를 소비자들에게 심어주려는 것입니다.

대부분의 기업 유니폼은 모두 코퍼레이트 아이덴티티의 일부분으로 기능합니다. 우리가 식당에서, 은행에서, 대중교통에서 마주치게 되는 유니폼들은 무의식중에 우리에게 그들 브랜드의 이미지를 각인시키고 있는 셈입니다.

### '옷을 벗는다'는 말의 뜻?

경찰, 소방관, 판사 등 많은 공직자들 또한 유니폼을 입습니다. 이들이 유니폼을 입는 이유는 무엇일까요? 첫 번째 이유는 신분을 나타내기 위한 것입니다. 2013년부터 우리나라는 경찰 제복 및 경찰 장비를 허가 없이 제작·유통시킬 수 없도록 하는 법안을 검토하고 있습니다. 경찰이 아닌 사람들이 경찰 제복을 입고 경찰을 사칭해 저지르는 범죄가 꾸준히 발생하고 있기 때문입니다.

보통 사람들이 경찰 제복을 쉽게 구할 수 있는 이유는 민간 사업자들이 경찰 제복을 그대로 모방해 만드는 것을 규제하지 못하고 있기 때문입니다. 이는 '국내외에 널리 알려져 신규성이 없는 디자인'은 보호받을 수 없다는 디자인보호법의 빈틈을 이용한 것인데, 경찰 제복이나 군복 등 모방 제작이 악용될 수 있는 옷은 특별히 법으로 민간 제작을 금지해야 한다는 목소리가 높아지고 있습니다.

이처럼 경찰·소방관·법관 등 국가의 공권력을 이용해 업무를 수행하는 직업, 의사·간호사 등 전문적인 자격이 필요한 몇몇 직업군에

❶ 제복을 입은 경찰. 제복은 신분은 물론 현재 업무 중이며 시민들에게 도움을 줄 수 있는 상태임을 알리는 역할도 한다.
❷ 정해진 옷을 입고 업무 중인 소방관들. 소방관의 옷은 위험한 업무 중이므로 함부로 접근하지 말 것을 경고하는 메시지가 될 수도 있다.

서 '옷'은 그 옷을 입은 사람이 가진 역할과 권리, 책임을 상징합니다. 옷을 입음으로써 자신이 누구인지를 드러내고, 내가 할 수 있는 일이 무엇인지를 사람들에게 알립니다. 경찰 제복을 입은 사람이 주변을 순찰하고 있다면 함부로 도둑질을 할 수 없을 것입니다. 반면 도둑을 맞았는데 마침 경찰 제복을 입은 사람이 눈에 띈다면 우리는 자연스럽게 경찰에게 달려가 도둑을 맞았다고 말할 것입니다. 소방관들이 안전복을 입지 않는다면 화재 현장에서 구경꾼들과 소방관을 구별할 수 없을 것이고, 판사가 법복을 입지 않는다면 법정을 통솔하기가 지금보다 더욱 힘들 것입니다. 응급환자가 생겨 병원에 갔는데 의사와

간호사들이 평상복을 입고 있다면 환자의 치료 절차는 늦어질 것입니다.

때문에 '옷을 벗는다'는 말이 '일을 그만두었다'는 말로 통용되기도 합니다. 옷이 그 사람의 직업을 대변하고 있기 때문에 일상생활에서 쓰이는 '옷을 벗는다'는 말과 사회적으로 쓰이는 '옷을 벗는다'는 말은 다른 의미를 가지게 됩니다.

## 유니폼, 양날의 칼

지금까지 다양한 유니폼을 살펴보았습니다. 이제 모든 유니폼이 가지고 있는 공통점이 무엇인지 한마디로 정의할 수 있을 것입니다. 유니폼은 '집단'의 옷입니다. 모든 유니폼은 옷 입는 사람 개개인의 개성이나 매력을 죽이는 대신 집단으로서의 정체성을 강조합니다. 빨간 옷을 좋아하는 사람이건 검은 옷을 좋아하는 사람이건, 치마를 좋아하는 사람이건 바지를 좋아하는 사람이건, 유니폼을 입을 때는 선택의 여지가 없습니다. 모두 같은 옷을 입어야 합니다. '내'가 표현하고 싶은 것, '내'가 가진 개성 대신 '집단'이 표현하고자 하는 것, '집단'이 가진 개성을 옷으로 드러내는 것입니다.

유니폼에는 여러 장점이 있습니다. 먼저 규모가 큰 집단을 효율적으로 관리할 수 있습니다. 일일이 확인하지 않아도 그 사람이 어디에 속했으며 무슨 일을 하는 사람인지를 파악할 수 있기 때문에 여러 사람이 함께하는 일의 능률과 효율성이 높아집니다.

어느 집단에 소속되어 있는지를 바로 알 수 있기 때문에 유니폼을 입으면 누구나 행동거지를 조심하게 됩니다. 경찰이 경찰 제복을 입고 술주정을 부린다거나 학생이 교복을 입고 담배를 피우고 있다면 크게 비난받을 것입니다. 유니폼은 옷을 입은 사람이 자신의 지위와 역할에 보다 충실하게 행동하도록 도와줍니다.

또 유니폼은 소속감으로부터 오는 자부심을 심어줍니다. 개성을 뚜렷이 드러내고 싶어 하는 사람은 유니폼에 거부감만을 느낄 수 있지만, 반대로 유니폼을 입었을 때 더 자기 자신을 당당하게 드러내는 사람도 있습니다. 개인일 때는 자신감을 느끼지 못하던 사람도 유니폼을 입음으로써 한 집단의 구성원으로서 소속감을 느끼기 때문입니다. 소속 집단에 대한 자부심은 집단이 추구하는 목표를 이루는 데 중요한 역할을 합니다. 군대라면 전투에서의 승리를, 회사라면 보다 높은 매출을, 공공기관이라면 공공의 이익에 부합되는 공정하고 합리적인 성과를 공동의 목표로 삼을 것입니다.

그러나 유니폼의 이런 장점이 항상 긍정적인 방향으로만 이용되는 것은 아닙니다.

1933년~1945년 사이, 아돌프 히틀러<sup>Adolf Hitler, 1889~1945</sup>는 일명 '나치스<sup>Nazis</sup>'*라는 정당을 만들고 독일의 정권을 휘어잡았습니다. 널리 알려졌듯이 히틀러는 극단적인 인종차별주의를 내세우며 유대인들을 잔혹하게 학살하고, 자신의 주장에 반대하는 사람들을 추방하거나 살해했습니다. 히틀러는 독일 전역을 광기의 소용돌이에 밀어 넣고

* 정식 명칭은 국가사회주의독일노동자당(Nationalsozialistische Deutsche Arbeiterpartei, NSDAP)으로 '나치스는 그들을 반대하는 사람들이 얕잡아 부르던 말입니다.

▶▶ 제복을 입고 있는 히틀러와 나치스 정당의 일원들.

종국에는 제2차 세계대전을 일으키는 주범이 되었는데, 이 모든 일들은 히틀러가 강력히 주장했던 극단적인 애국주의와 인종적 우월감에 바탕을 두고 있습니다.

히틀러는 사람들의 애국심과 우월감을 고양시키기 위해 제복을 활용할 줄 알았습니다. 당시 나치스는 단순한 정치 정당이 아니라 히틀러가 지휘하는 군대와 경찰 조직을 통칭하는 말이었습니다. 그들은 대부분 제복을 입고 활동했습니다. 나치스의 제복은 각을 살린 날카로운 재단, 팔에 두르는 완장, 벨트·휘장·배지 등을 이용한 멋들어진 장식, 정강이를 덮는 긴 부츠 등이 조화되어 그 디자인이 무척 견고하고 독특했지요. 멋진 제복은 당시 독일 젊은이들의 환심과 동경을 사기에 충분했습니다. 당시 독일 청년들은 히틀러의 강력한 연설, 그리고 제복을 차려입은 나치스 군인들의 모습에 매료당해 너 나 할 것 없이 나치스에 입당하여 히틀러에 충성하고자 했습니다. 히틀러와 나치스가 저지른 일은 역사에 길이 남을 비극이 되었지만, 그들이 입었던 제복만큼은 지금까지도 여러 매체에 영향력을 끼치고 있으니 당시의 파급력을 짐작할 만합니다. 당시 나치스의 군복은 현재 명품 브랜드의 하나로 이름을 떨치고 있는 회사인 휴고 보스<sup>Hugo Boss</sup>가 맡아 제작했는데, 훗날 휴고 보스는 나치스에 군복을 납품했던 과거에 대한 공식적인 사과문을 발표하기도 했습니다.

프로파간다<sup>propaganda</sup>라는 말이 있습니다. 사상이나 신앙 등을 선전하는 행위를 널리 통칭하는 말입니다. 히틀러는 선전에 아주 능한 사람이었으며 나치스의 제복 역시 프로파간다의 일환이었다고 평가받고 있습니다. 군사적인 목적보다는 그 아름다움을 사람들에게 과시하려는 목적이 강했다는 점에서 나치스의 제복은 앞에서 살펴본 '후사르'와도 유사한 점이 있습니다.

또한 유니폼은 집단을 '관리'하기 위한 옷이라는 점에서 계급의 문제를 불러올 수 있습니다. 사람은 누구나 한 사람 한 사람이 동등한 인간으로서 대우받아야 합니다. 그러나 유니폼은 자칫 인권의 문제를 초래하기도 합니다.

교복은 인권 논란의 중심에 있는 유니폼입니다. 학생의 인권 신장을 주장하는 사람들은 나이가 어리다는 이유로 학생들을 관리와 통제의 대상으로 바라보는 시각을 비판합니다. 교복을 권장하는 단계를 넘어 교복을 입지 않는다는 이유로 처벌과 징계를 하는 것은 명백한 인권 침해라는 주장도 나옵니다.

또, 여러 가게나 기관에서 여성 직원은 유니폼을 입고 있지만 남성 직원은 개인의 평상복을 입고 있는 경우를 간혹 볼 수 있습니다. 이런 경향은 오래전부터 성차별 논란을 일으켜왔습니다. 반면 기업에서는 남성은 넥타이 등 간단한 소품을 통일시키는 것만으로도 유니폼과 같은 효과를 볼 수 있지만, 여성 의류는 그러기가 어렵기 때문에 불가피한 선택이라 말하기도 합니다.

호주의 콴타스 항공Qantas Airways Limited은 패션모델을 기용해 몸에 지나치게 밀착되는 승무원 유니폼을 공개한 뒤 비판을 받았습니다. 몸매나 여성성을 지나치게 강조한 유니폼을 강요하는 것은 일의 효율이나 업무의 안전성보다는 여성의 외모만을 중시하는 태도라는 이유에서입니다. 밀착되는 유니폼을 입고 일해야 한다면 몸매에 자신이 없는 사람들은 자연스럽게 그 회사에 덜 지원할 것입니다. 여성적인 유니폼이 어울리지 않는 사람들은 업무 능력과 관계없는 외모 때문에 업무 스트레스를 받을 수 있습니다.

이처럼 유니폼은 장점과 단점이 명백한 양날의 칼과 같은 옷입니다. 우리는 살아가며 내가 원하든 원하지 않든 어떤 일을 해야만 할 때가 있습니다. 옷도 마찬가지입니다. 내가 입고 싶든 입고 싶지 않든 특정 조직에 속하고 싶다면, 내가 원하는 일을 하기 위해서라면 유니폼을 입어야 하는 순간이 찾아옵니다.

칼이란 쥐는 사람에 따라 좋은 도구가 될 수도 있고, 무서운 도구가 될 수도 있습니다. 유니폼은 장점을 잘 활용하면 효율적이면서도 아름다운 옷입니다. 하지만 유니폼의 뒤, 즉 집단과 익명의 뒤에 숨어 개인의 책임을 회피하기 시작하면 유니폼은 잘못된 도구로 기능할 수 있습니다.

나치스의 제복을 입고 유대인 탄압에 나섰던 독일인들은 제2차 세계대전에서 패배한 뒤 제복을 벗으며 어떤 생각을 했을까요? 그들이 만일 '독일'이라는 국가, '나치스'라는 거대한 집단에 매몰될 수 없었더라면 그처럼 극단적인 인종 학살은 벌어지지 않았을지도 모릅니다.

유니폼은 나를 드러내는 옷이 아니라 나를 숨기는 옷이며, 자긍심을 고취시키기도 하지만 중요한 순간에 집단 뒤로 숨을 수 있게 만들어주기도 하는 옷입니다. 그러나 결국 옷을 벗었을 때 남는 것은 맨몸인 나 자신입니다. 여러분은 유니폼을 어떤 옷으로 만들고 싶은가요?

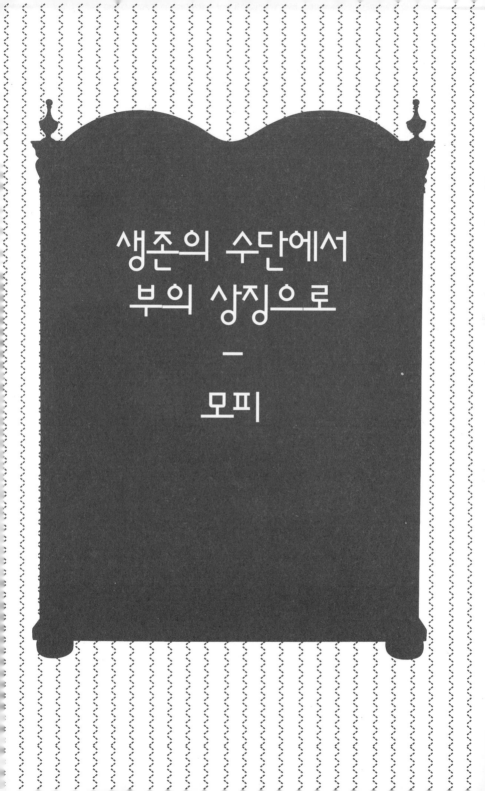

생존의 수단에서
부의 상징으로

－

모피

2013년 6월, 이탈리아 로마의 장 폴 고티에(Jean Paul Gaultie) 패션쇼장 앞에서 한 무리의 사람들이 반나체로 시위를 벌였다. 그들은 목에 "모피를 반대한다"는 내용의 피켓을 걸고 있었다. 이런 모피 반대 시위는 세계 곳곳에서 벌어진다. 2011년, 서울에서 열린 펜디(Fendi)의 모피 패션쇼도 많은 논란을 불러왔다. 동물보호협회가 모피 패션쇼를 반대하자 서울시에서는 펜디 측에 쇼에서 모피 제품을 빼줄 것을 요청했으나 펜디 측은 쇼 준비가 막바지 단계라는 이유로 모피 제품을 빼지 않는 대신 모피 외의 제품들을 더 많이 선보이기로 했다. 패션계와 동물보호협회 사이의 '모피 전쟁'은 당분간 끝나지 않을 전망이다.

## ? 인류 역사상 가장 오래된 옷

『젊은 베르테르의 슬픔』을 쓴 작가이자 자연 연구가인 요한 볼프강 폰 괴테Johann Wolfgang von Goethe, 1749~1832는 이렇게 말했습니다. "인간을 동물과 구분 짓는 가장 위대한 예술은 천을 짜는 일이다"라고.

천을 짜는 것, 다른 말로 '직조'는 식물이나 동물에서 섬유를 채취해 그것을 실로 만들고 그 실을 베틀에 얹은 후, 북에 묶은 씨실(가로 방향으로 놓은 실)을 날실(세로 방향으로 놓은 실) 사이로 지나게 해 한 올 한 올 엮어내는 일입니다. 그야말로 인내와 정성, 그리고 무엇보다 기술이 필요한 작업이지요. 인간 외의 동물이 흉내 내기란 어림도 없습니다. 그런데 사람이 처음부터 이렇게 정교한 직조를 할 줄 알았던 것은 아닙니다. 인류는 어림잡아 신석기시대부터 직조를 시작했을 것이라고 추정됩니다. 그렇다면 구석기시대, 다시 말해 직조 능력이 없었을 때의 사람들은 무엇을 입었을까요? 구석기시대를 상상해 그린 그림을 본 적 있다면 모두 대답할 수 있을 것입니다.

▶▶ 구석기시대 인류를 상상해 그린 그림. 〈석기시대〉, 빅토르 바스네초프,1883~1885, 모스크바 역사박물관 소장.

그림 속의 사람들은 대부분 얼기설기 엮은 동물 가죽을 입고 있습니다. 역사 속에서 인간은 직물보다 가죽을 먼저 입었습니다. 이유는 간단합니다. 당시 몸을 감싸기에 동물 가죽보다 흔하고 얻기 쉬운 물건이 없었기 때문입니다. 구석기시대 사람들의 주식은 사냥한 동물의 고기였습니다. 고기를 먹고 나면 자연히 가죽이 남습니다. 당시 사람들은 사냥을 통해 음식과 옷 두 가지를 모두 해결했던 것이지요. 동물의 털가죽은 이처럼 오래전부터 인류의 의복으로 이용되어왔습니다. 게다가 석기시대부터 지금까지 그 기능에 변함이 없답니다.

## 다운헤어와 가드헤어

포유류 동물의 가죽에는 털이 붙어 있습니다. 이 털가죽을 '모피毛皮'라고 부르는데, 모피는 다른 직물과 비교하기 힘든 최고의 방한 성능을 자랑합니다. 모피를 자세히 살펴보면 두 종류의 털이 섞여 있는 것을 알 수 있는데 첫 번째는 다운헤어down hair, 속털 혹은 솜털라는 아주 섬세하고 부드러운 털입니다. 모피의 아래쪽에 빽빽하게 심어져 있습니다. 해달의 모피에는 1제곱센티미터당 약 13만 올의 털이 있다고 합니다. 숫자로 이야기해서는 잘 모르겠다고요? 같은 면적에 사람의 머리카락은 겨우 340올 정도밖에 돋아 있지 않습니다. 이제 어느 정도 감이 오나요?

두 번째는 가드헤어guard hair, 겉털 혹은 거친털라고 해서 거칠고 성글게 나 있는 길쭉길쭉한 털입니다. 우리 상상을 훌쩍 넘어설 정도로 긴 털도 있습니다. 캐나다 북부와 그린란드에 살고 있는 사향소는 60센티미터에 이르는 가드헤어를 가지고 있습니다. 사람의 머리칼을 제외하면 동물의 털 중 가장 길다고 하네요.

이 두 가지 털의 역할은 조금 다릅니다. 다운헤어는 섬세한 만큼 아주 많은 공기를 품을 수 있습니다. 이것을 '함기량이 높다'고 표현하지요. 함기량이 높으면 열의 손실을 막을 수 있기 때문에 체온을 보호하는 데 적합합니다. 반면 가드헤어는 다운헤어를 보호하고 비로부터 몸을 지키는 방수 기능이 있습니다. 가드헤어는 동물들의 우비라고 볼 수 있습니다. 따라서 다운헤어로 만든 옷은 사람의 체온도 잘 보호해주고, 가드헤어로 만든 옷은 사람의 우비로도 쓸 수 있지요. 극한의 환경에서 생존해야 했던 인류의 선조들에게 모피만큼 유용한 옷감은 없었습니다.

시간이 흘러 인류의 직조 기술이 발전하면서 따뜻하고 편리한 옷감들이 많이 탄생했습니다. 양털을 짜서 만든 모직물, 목화솜을 짜서 만든 면직물이 그 대표적인 예입니다. 지금은 합성섬유 중에서도 보온성과 방수성 등 기능성을 몇 배로 높인 우수한 직물들이 많이 생산되고 있습니다.

그럼에도 불구하고 모피의 인기는 시들지 않고 있는데 가장 큰 이유는 모피 특유의 촉감과 아름다움 때문입니다. 아직 어떤 직물도 모피만의 형태와 촉감을 대체하지 못하기 때문에 모피는 여전히 사랑받고 있습니다. 실내는 물론 자동차나 지하철 같은 이동 수단에도 난방이 보편화되어 있는 현대에서 사람들은 몸을 따뜻하게 만들기 위한 기능적인 목적보다는 옷의 아름다움 때문에 모피를 입는 경향이

❶ 가장 빽빽한 털을 가진 해달. ❷ 가장 긴 털을 가진 사향소.

강합니다. 옛 선조들이 추위 속에서 생존을 위해 입었던 모피는 이제 디자인과 품질을 평가받는 패션 상품이 되었습니다.


## 모피의 가치는 어떻게 매겨질까?

패션 상품이 된 만큼, 이제 모피의 가치는 얼마나 희귀하고 아름다운가에 따라 달라집니다. 여기에는 몇 가지 기준이 있습니다. 우선 털이 균일하고 부드러우며 윤택할수록 가치가 높은데 밍크, 수달, 족제비, 담비와 같은 소형 육식 포유류 동물의 모피가 대표적입니다. 특히 영어로는 세이블sable이라 불리는 흑담비의 모피가 고급으로 유명하지요. 털이 풍성하면서 색이 고운 모피 또한 가치가 높은데 여우가 대표적입니다. 일반적으로 붉은 여우보다 희귀한 흰색 혹은 은색 여우의 모피가 더 비쌉니다.

독특한 무늬가 있는 경우에도 가격이 높아집니다. 호랑이, 재규어, 표범, 설표 등 대형 고양이과 동물들의 모피가 여기에 속합니다. 같은 대형 고양이과 동물임에도 불구하고 별다른 무늬가 없는 퓨마의 털은 모피로서의 가치가 낮습니다.

또 하나 중요한 기준은 성별입니다. 같은 동물이라도 암컷의 모피가 더 귀한 대접을 받습니다. 수컷의 털가죽보다 크기는 작지만 더 가볍고 부드럽기 때문입니다.

특이할 만한 장점이 없거나 개체수가 많은 동물은 모피의 가치도 떨어집니다. 많은 사람들이 애용하는 토끼의 모피가 대표적인 예입니다.

러시아·캐나다·북유럽 일부 국가와 같이 원재료가 되는 동물의 가죽을 비교적 구하기 쉽고 날씨가 추운 일부 지역에서는 모피를 입는 것이 빈부와 상관없이 당연하게 여겨지기도 합니다. 그러나 일반적으로 모피를 입는다는 것이 쉬운 일은 아닙니다. 비싼 가격 때문입니다. 싼 것이 수백만 원, 비싼 것이 수천만 원에서 억대에 이릅니다. 때문에 모피는 오랫동안 부의 상징으로 대접받았습니다.

모피가 비싼 이유는 두 가지를 꼽을 수 있습니다. 첫째는 재료를 얻는 비용 자체가 많이 들기 때문입니다. 공장에서 일정하게 만들어 낼 수 있는 직조물과 달리, 모피는 동물을 직접 사냥하지 않으면 얻을 수 없습니다. 그러다 보니 공급량이 해마다, 그리고 계절마다 달라지고 품질에 따라서도 가격이 천차만별이기 때문에 정확히 모피 한 장이 얼마인지 대답하기가 어렵습니다. 밍크 모피를 예로 들 경우, 모피 한 장에 5만 원 남짓일 때도 있고 20만원이 넘을 때도 있습니다. 밍크 코트 한 벌을 만드는 데는 약 30장에서 60장 정도의 모피가 들어갑니다. 10만 원짜리 모피 45장을 사용하여 코트 한 벌을 만들면 재료값으로만 450만 원이라는 거금이 들게 됩니다.

모피가 비싼 두 번째 이유는 수작업을 많이 필요로 하기 때문입니다. 혹시 모피 코트를 만들 때, 모피를 조각조각 찢어서 만든다는 사실을 알고 있나요? 비싼 재료를 일부러 찢다니, 이해가 안 간다고요?

모피는 원형 그대로 옷을 만들기에 적합하지 않답니다. 신축성도 떨어지고 한 벌의 옷이 될 만큼 길거나 넓지도 않지요. 옷을 만들기 위해서는 한 장의 모피를 한 조각이 약 1센티미터 남짓의 폭이 되도록 수십 조각으로 길게 찢어야 합니다. 그런 다음 각 조각을 특수 재봉틀을 이용해 한 장 한 장 다시 이어 붙이지요. 두 모피 조각을 털이 있는 면끼리 마주보게끔 하여 손으로 쥐고, 털이 박음질하는 사이에 끼지 않도록 한쪽 방향으로 밀어 넘기면서 섬세하게 작업해야 합니다. 기계가 대신 할 수 없는 일이니 상당한 인건비가 들어갑니다.

그 외에도 한 벌의 모피 코트가 탄생하기 위해서는 다른 옷과 비교할 수 없을 만큼 많은 공정을 거쳐야만 합니다. 간단하게만 살펴볼까요? 날가죽을 상품용 모피로 만드는 태닝Tanning, 튼튼하지 못한 털을 제거하는 클리닝, 정전기로 털을 일으켜 세우기, 세운 털 깎기, 부드러워지도록 물에 적시기, 패턴에 맞추어 스테이플러로 고정시키기, 건조, 여분 제거하기. 여기까지가 모피를 준비하는 과정을 간략하게 살펴본 것입니다. 경우에 따라서는 모피를 정돈하는 데만 열흘이 넘게 걸리기도 하지요. 이 과정이 끝나야 다른 옷과 마찬가지로 자르고 꿰매는 봉제 작업을 시작할 수 있습니다. 손이 많이 갈 뿐 아니라 오랜 시간이 걸리고, 게다가 기계 작업도 쉽지 않으니 가격이 비싸지는 것은 당연하겠지요?

▶▶ 한 장의 모피를 1센티미터 남짓의 두께로 자른 모습. 이 조각을 다시 이어 붙이는데 각 조각을 이어 붙인 재봉선의 길이를 재보면 15킬로미터에 이르기도 한다. 일반 옷의 재봉선이 수십 혹은 수백 미터 남짓임을 감안하면 큰 차이이다. http://www.youtube.com/watch?v=K9Og_RT8CM0(How to make Fur Coats)에서 자세한 영상을 볼 수 있다.

## 모피에 반대한다!

그런데 언제부터인가 모피 이용을 반대하는 목소리들이 하나둘 늘어나기 시작했습니다. 모피가 생존을 위한 생활용품이 아닌 사치품으로 이용되면서 사람들이 동물 보호의 중요성에 눈을 뜬 것입니다.

앞에서 아름다운 무늬를 가진 동물의 모피는 비싼 값에 팔린다고 말했습니다. 그 때문에 대형 고양이과 동물에 대한 무분별한 사냥이 이루어졌고 많은 동물들을 멸종 위기에 몰아넣었습니다. 우리나라에서는 더 이상 볼 수 없게 된 호랑이가 대표적인 모피 사냥의 희생자입니다.

『조선왕조실록』에 태조 때부터 철종 때까지 약 470여 년간 4천 명에 가까운 사람이 호랑이에게 해를 당했다고 기록되어 있을 만큼 조선 시대에는 호환虎患, 호랑이에게 당하는 피해이 극심했습니다. 이를 막기 위해 착호갑사捉虎甲士라고 하는 호랑이 사냥 전문 부대도 창설되었지요. 조선 시대에 호랑이 사냥은 '일거양득'이었습니다. 사람을 해치는 호랑이도 잡고 잡은 호랑이를 다양한 용도에 사용했기 때문입니다.

잡은 호랑이는 약재로도 쓰였습니다. 16세기에 편찬된 중국 명나라 약학서인 『본초강목本草綱目』에 따르면 호랑이 뼈는 중풍에, 코는 정신병에, 이빨은 매독에 효과가 있다고 나와 있습니다. 하지만 뭐니 뭐니 해도 호랑이의 가장 주된 쓰임새는 그 모피에 있었습니다. 호랑이 가죽은 왕이나 귀족의 위엄을 나타내주었고, 악령을 물리치는 힘이 있다고 알려져 있었습니다. 옷으로 만드는 경우는 드물었지만 의자 깔개나 장식용으로 많이 이용되었습니다.

총이나 화약 같은 사냥용 무기가 지금처럼 발전하기 전의 사람들은 호랑이를 잡지 못해 사람이 다치는 것이 걱정이었지, 호랑이를 너무 많이 잡아 멸종할 걱정은 하지 않았습니다. 당연히 모피에 대한 사회적 의식도 발생하지 않았습니다.

우리나라뿐 아니라 전 세계적으로 대형 고양이과 동물의 모피는 귀한 것이었기에 잡기만 하면 모피를 팔아 큰돈을 벌 수 있었습니다. 과학이 발전하며 무기 또한 발전했고, 사냥꾼들이 쓰는 무기나 탐색 장치도 점점 위력적으로 변화했습니다. 그러다 보니 짧은 시간 안에 많은 동물들을 잡을 수 있게 되었고, 모피를 얻기 위한 야생동물 남획이 심각해졌습니다. 사람들이 위기 의식을 느끼기 시작했을 때는 이미 많은 동물들이 멸종되거나 멸종 위기에 이르러 있었지요. 지금은 여러 국제기구와 시민단체들이 멸종 동물 보호에 힘쓰고 있지만, 멸종 위기의 야생동물을 사냥하는 밀렵꾼들도 여전히 만만치 않은 숫자를 유지하고 있습니다.

지금 현재는 호랑이는 물론 표범, 설표, 재규어 등 멸종 위기종인 동물의 모피를 사용하는 것을 법으로 엄하게 금지하고 있습니다. 야생동물 사냥은 법으로 정해진 기간 동안에만 가능하며, 그 이외의 사냥은 모두 불법입니다.


## ⟩ 동물해방을 주장하는 사람들

현재 우리가 사용하는 모피는 대부분 모피 농장에서 오는 것입니다. 물고기를 양식하거나 가축을 사육하는 것과 같이 밍크나 여우 등 모피가 널리 이용되는 동물을 농장에서 키우다가 때가 되면 도축한 다음 모피를 가공해 판매하는 것입니다. 돼지나 소를 키우다가 고기로 만들어 판매하는 것과 비슷한 구조입니다.

그런데 야생동물이든 아니든, 멸종 위기종이든 아니든 관계없이 모든 동물의 모피 사용을 금지해야 한다는 주장이 등장하기 시작했습니다. 이 주장에 가장 큰 영향을 끼친 이론이 있으니 바로 '동물해방론'입니다. 우리나라에서는 다소 생소한 이론이지만 해외에서는 다양한 퍼포먼스나 캠페인을 통해 널리 알려진 이론입니다.

동물해방을 주창한 사람은 피터 싱어Peter Singer라는 호주의 철학자입니다. 그는 1975년 『동물해방론』이라는 책을 썼는데 이 책이 전 세계적으로 유명해지면서 동물해방단체가 만들어지는 계기가 되었습니다.

우리에게 보다 낯익은 이론은 '동물을 보호하자'는 주장을 하는 '동물보호론'일 것입니다. 동물보호론과 동물해방론은 어떻게 다를까요?

동물보호론자는 사람이 동물을 편의에 따라 이용하는 것을 인정합니다. 사람이 동물을 이용해 농사를 짓는 것, 탈것을 끌게 하는 것, 사람이 직접 타는 것, 고기를 먹는 것, 모피를 얻는 것, 서커스나 동물원에서 훈련시켜 오락을 제공하는 것, 애완동물로 기르는 것, 신약의 동물실험 등이 사람에게 필요하다는 데 동의합니다. 다만 그렇더라도 동물에게 좀 더 나은 환경과 대우를 제공해주자는 것이 동물보호론의 골자입니다. 예를 들어 닭을 비좁은 사육장에 가두어 놓기보다는 넓은 마당에 풀어 키우고, 소가 사는 축사의 위생을 개선하고, 재미로 동물을 학대하는 행동에 반대하며 동물의 삶의 질을 개선하려고 하는 것이지요. 영어로는 '애니멀 웰페어Animal welfare'라고 합니다.

이에 반해 동물해방론은 사람의 편의를 위해 동물을 이용하는 모든 일에 반대합니다. 먹는 것이든 보는 것이든 입는 것이든 어떤 부분이든 관계없이, 그 일이 인간에게 어떤 혜택을 주고 왜 필요한가와 관계없이, 동물을 사용하는 모든 행위가 금지되어야 한다고 주장합니다. 동물도 인간과 마찬가지로 자신의 의지대로 삶을 영위할 권리가 있다고 보기 때문입니다. 영어로는 '애니멀 리버레이션Animal liberation'이라고 합니다.

### 동물해방론의 토대 : 공리주의

동물해방론의 이론적 토대는 '공리주의'입니다. 공리주의란 행복을 기준으로 행위의 옳고 그름을 판단하는 사상입니다. 18세기 영국 철학자 제러미 벤담Jeremy Bentham, 1748~1832이 가장 먼저 주장한 사상이지요.

공리주의에 따르면, 어떤 행위로 인해 행복이 커질 때 그 행위는 선善입니다. 반대로 행복이 작아지면 그 행위는 악惡이지요. 공리주의 사상을 함축한 유명한 말로 '최대 다수의 최대 행복'이 있습니다. 가능한 한 많은 사람이 가장 행복해지는 길을 추구하는 것이 공리주의적 올바름이라는 것입니다.

다음 지도를 봅시다. 가, 나, 다, 라, 마, 바, 여섯 채의 집이 있습니다. 이 마을에 공원을 짓는다면 어디에 짓는 것이 가장 좋을까요? 알파벳으로 표시된 녹색 지역은 공원 건설 후보지이고 갈색 선은 마을에 나 있는 도로를 의미합니다. 계산이 쉽도록 모든 도로의 길이는 같다고 전제합시다.

▸▸ 대표적인 동물해방단체 페타(PETA)의 회원들이 모피 반대 시위를 하고 있다.
'Summer is no vacation for animals on fur farms
(모피 농장에 있는 동물들에게는 여름이 휴가의 계절이 아니다)',
'Animals are not ours to wear(동물은 우리의 입을 것이 아니다)'
등의 문구를 볼 수 있다.

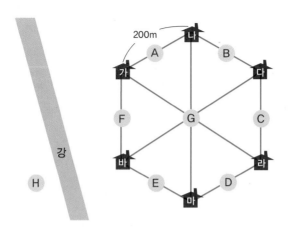

만약 공원을 A 지점에 짓는다면 이 마을에 사는 사람들은 얼마나 행복해질까요? 행복을 숫자로 표현했을 때, 공원에 소풍을 갈 때의 행복은 5라고 합시다. 각 집 사이의 거리는 200미터이고, 사람은 100미터를 걸을 때마다 힘들고 피곤해져서 행복이 1씩 사라집니다.

그렇다면 공원을 A에 지었을 때, '가'와 '나'에 사는 사람은 100미터만 걸어가면 되니까 4만큼의 행복을 느끼겠지요. '다'와 '바'에 사는 사람은 300미터를 걸어야 하니 2만큼의 행복을 얻을 수 있습니다. 그런데 '라'와 '마'에 사는 사람은? 500미터를 걸어가야 하므로 얻을 수 있는 행복이 0이 됩니다.

이 모든 행복을 합하면 4+4+2+2+0+0=12입니다. B, C, D, E, F 어느 지점에 지어도 행복의 총량은 동일합니다. 하지만 공원을 G 지점에 짓는다면? 어느 집에서든 200미터만 걸으면 공원에 도착할 수 있기 때문에 모두 공평하게 3의 행복을 가질 수 있겠지요. 그러면 행복의 총량은 다 합쳐서 18이 됩니다. 따라서 공리주의적 관점에서 보았을 때 공원을 지어야 하는 지점은 G입니다. 모두에게 합리적인 결과를 도출할 수 있는 좋은 방법 같아 보입니다.

우리는 위에서 '공원'을 어디에 지을 것인가 하는 문제로 최대 행복을 파악해보았습니다. 하지만 짓는 시설이 모두의 행복을 위한 공원이 아니라면? 많은 사람들이 기피하는 쓰레기장, 발전소, 교도소와 같은 시설이라면 어떨까요? 그것도 공리주의의 관점에서 해결할 수 있을까요?

기피 시설을 지을 때 구성원의 최대 행복만을 기준으로 한다면 모든 사람으로부터 가장 먼 곳에 지을 수밖에 없습니다. 그 시설이 멀리 떨어져 있을 때 모두의 행복 지수가 높아질 것이기 때문입니다. 지도에서는 H 지점이 되겠지요.

하지만 그 시설이 사회에 꼭 필요한 시설이라면, 그리고 우리 모두 관심을 기울여야 하는 시설이라면 어떨까요? 그래도 단순히 '최대 다수의 최대 행복'을 위해 일단 눈에 보이지 않은 먼 곳으로 보내버리는 것이 옳은 일일까요? 이것이 바로 공리주의의 오류입니다

공리주의와 동물해방이 서로 무슨 상관이 있냐고요? 공리주의의 핵심이 '최대 다수의 최대 행복'이라고 했습니다. 피터 싱어는 '최대 다수'에 인간뿐 아니라 동물도 포함된다고 본 것입니다. 그는 동물도 인간과 마찬가지로 행복과 고통을 느끼는 존재이기 때문에 모든 윤리적 판단은 인간과 동물의 행복을 함께 고려해야 한다고 주장했습니다. 이 의견에 따라 극단적인 예를 들자면, 농부가 곳간의 곡식을 먹는 쥐를 잡는 것도 공리주의적 측면에서는 반대해야 합니다. 농부가 한 사람이고 쥐가 열 마리라고 쳤을 때, 열 마리의 쥐가 곡식을 마음 대로 먹는 것이 더 큰 행복의 총량을 만들어내기 때문입니다.

동물해방론자들은 인간의 행복에 동물의 행복보다 더 큰 가치를 부여하는 자세를 '종차별'이라고 표현하며 반대합니다. 피부색이나 성별로 사람을 차별해서는 안 되는 것처럼, 인간이라는 종과 다른 종을 차별해서도 안 된다는 것입니다.

이런 시각으로 세상을 바라보면 달라져야 할 것이 한두 가지가 아닙니다. 그래서 동물해방론자들은 동물의 고통을 줄이고 행복을 증진시키기 위해 다양한 노력을 해왔습니다.

그런데 현실적으로 동물해방론자들의 주장과 보통 사람들의 생각에는 너무나 큰 차이가 있습니다. 우리 삶에서 동물 이용을 당장 중단한다면 어떤 일이 벌어질까요? 상상을 뛰어넘는 불편을 겪게 될 것입니다.

이 문제를 둘러싸고 많은 곳에서 분쟁이 발생했는데 패션계도 예외는 아니었습니다. 모피는 뜨거운 논쟁의 중심에 있었지요. 1980~1990년대의 뉴욕에서는 모피를 옹호하는 사람들과 모피를 반대하는 사람 사이의 충돌이 지속적으로 벌어졌습니다. 반모피 시위가 하루가 멀다 하고 열렸고, 모피 가게나 모피 패션쇼 등이 연이어 테러를 당했으며, 모피를 입은 사람에게 붉은 페인트를 뿌리거나 모피 옷을 면도칼로 찢는 등 동물해방론을 지지하는 사람들은 점점 과격한 방법으로 자신의 의사를 표현했습니다. 그 당시 사용되었던 반모피 시위 구호 중 몇 가지를 소개하자면 다음과 같습니다.

"(죽어가는 동물의 사진과 함께) 살려주세요."
"모피 코트 마음껏 입으세요. 그 모피의 원래 주인은 이미 죽어버렸으니."

"(아기 너구리 두 마리 사진과 함께) 이 아기들이 엄마를 찾고 있어요. 혹시 당신이 입고 있나요?"

"(동물이) 전기 충격으로 죽었답니다. 당신의 허영심을 위해."

모든 사람은 자신의 신념을 말할 수 있는 권리를 가지고 있습니다. 다만 자신의 의견을 말하는 방식에는 제한이 있습니다.

동물해방론자들은 그들의 신념 외의 이유로도 많은 비판을 받습니다. 그들의 신념을 강하게 주장하기 위해 때때로 폭력적인 방법을 이용하기 때문입니다. 모피 상점에 불을 지르고, 자극적인 구호를 외치며 모피 생산자와 소비자들을 물리적으로 공격하기도 합니다. 그 와중에 벌어진 사건 사고들은 심심찮게 세간에 화제가 되었지요. 유명한 일화도 있습니다.

## ⁞ 접시 위의 죽은 너구리

1996년 겨울, 한 여성이 고급 레스토랑에서 평화롭게 식사를 하고 있었습니다. 그때 갑자기 다른 한 여성이 그녀에게 달려들었지요. 그리고는 뒤춤에 감추고 있던 것을 식사하던 접시 위에 냅다 집어던졌습니다. 과연 무엇이었을까요? 썩어 들어가는 커다란 너구리의 사체였습니다.

누구라도 이런 일을 당했다면 기겁을 하며 소리를 질렀을 것입니다. 하지만 식사 중이던 여성은 침착하게 냅킨으로 죽은 너구리를 덮은 다음 웨이터에게 치워달라고 요청했습니다. 그리고 아무 일도 없었다는 듯 후식으로 나온 커피를 즐겼습니다. 마치 이런 일을 오랫동안 겪어왔던 사람처럼 말입니다. 과연 이 여성은 누구이기에 이렇게 태연할 수 있었던 걸까요?

식사를 하던 여성은 바로 안나 윈투어<sup>Anna Wintour</sup>였습니다. 그녀는 패션계에서 가장 큰 영향력을 지닌 사람입니다. 어떤 사람들은 그녀를 '패션이란 종교의 교황'이라고 표현하기도 합니다.

이런 절대적인 위치를 차지하고 있는 이유는 그녀가 패션 잡지 〈보그〉의 편집장이기 때문입니다. 얼마나 대단한 잡지이기에 편집장의 위세가 교황에 비견될 정도일까요? 〈보그〉는 1892년에 창간되어 120년이 넘는 역사를 가지고 있는, 전 세계에서 가장 영향력 있는 패션 잡지입니다.

▶▶ 1892년 12월 17일에 발행된 〈보그〉 창간호의 표지(좌)와 2013년 1월호의 표지(우).

세계 4대 패션위크에서 발표되는 유명 디자이너의 작품들은 이 잡지를 통해 전 세계 20여 개 나라에 소개되며, 그것이 곧 유행이 됩니다. 작품을 잡지에 실을 것인가 말 것인가, 호의적인 기사를 실을 것인가 비판할 것인가를 최종 결정하는 사람이 바로 편집장인 안나 윈투어입니다.

▶▶ 안나 윈투어.

따라서 디자이너들은 안나 윈투어를 패션쇼의 제일 앞자리에 초대하고 그녀가 어떻게 반응하는지에 촉각을 기울입니다. 그녀의 마음에 들어야 〈보그〉에 자신이 작품이 실릴 수 있고, 그래야만 세계적으로 히트를 칠 수 있다는 것을 알고 있기 때문입니다. 〈셉템버 이슈 September issue〉라는 다큐멘터리 영화를 보면 이브 생 로랑Yves Saint Laurent의 수석 디자이너였던 스테파노 필라티Stefano Pilati가 안나 윈투어에게 자신이 디자인한 옷을 보여주며 혹시나 맘에 들어하지 않을까봐 전전긍긍하는 모습을 볼 수 있습니다. 유명 패션 디자이너인 장 폴 고티에도 안나 윈투어에게는 겸손한 자세로 디자인에 대한 품평을 청하지요.

우리가 살고 있는 이 커다란 세상은 여러 개의 작은 세상이 어우러져 만들어진 것입니다. 그 작은 세상 중 하나인 패션의 세계에서 안나 원투어는 디자이너라는 근위대를 거느리고 그 세계의 권력인 '유행'의 향방을 결정짓는 여왕인 것입니다.

그렇다면 식사를 하던 안나 원투어에게 너구리를 던진 사람은 누구였을까요? 그 일이 있은 지 십수 년이 지난 오늘까지도 그 정체가 밝혀지지는 않았지만, 분명한 것은 그녀가 '페타PETA'의 열성적인 멤버였다는 것입니다. PETA란 'People for the Ethical Treatment of Animals'에서 주요 단어의 머리글자를 딴 이름이지요. 그 뜻은 '동물의 윤리적 대우를 지지하는 사람들'이며, 이름에서 힌트를 얻을 수 있듯이 세계에서 가장 유명하고 거대한 동물해방단체입니다. 여러 나라에 지부를 두고 있고 약 300만 명에 달하는 회원을 가지고 있으며 동물해방을 위한 각종 시위를 주최하고 있지요.

안나 원투어는 개인적으로 모피를 즐겨 입었고 〈보그〉에 자주 모피 제품을 실었습니다. 동물해방론자들은 유행의 향방을 좌지우지하는 패션 잡지의 편집장이 끊임없이 모피를 소개하는 데 분노할 수밖에 없었습니다. 그러던 중 한 사람이 그녀가 식사하던 접시 위에 너구리를 던지는 '테러'를 감행한 것입니다. 안나 원투어에 대한 동물해방론자들의 테러는 그뿐만이 아니었습니다. 그녀의 집 앞에 동물 피를 뿌려놓거나 패션쇼장으로 향하는 그녀의 얼굴에 크림 파이를 던지기도 했습니다. 안나 원투어의 벌거벗은 모습을 그려놓고 성기를 모피로 가린 만평을 다수 제작해 인터넷에 배포하기도 했지요.

이런 일련의 사건들 앞에서 우리는 물을 수밖에 없게 됩니다. 동물해방론자들에 의해 자행되는 행동들, 개인의 안전과 존엄에 상처를 입히는 테러까지도 용인해야 하는가?

## ? 모피의 내일은 어떻게 될까?

동물해방론이 대두되면서 많은 패션업체들이 어려움을 겪어왔습니다. 비단 모피뿐만이 아닙니다. 페타는 가죽, 양털로 만든 울<sup>wool</sup>, 심지어는 누에에게서 얻는 실크<sup>silk</sup>까지도 사용을 금지해야 한다고 주장합니다.

호주에서는 울을 생산하기 위해 약 8천만 마리의 양을 사육하고 있습니다. 약 3만 개의 양목장이 있고 각 목장마다 적게는 몇 명 많게는 수십 명의 사람들이 일하고 있지요. 동물해방론자들의 주장대로 울의 사용을 금지한다면 호주에서만 수십만 명에 이르는 사람들이 일자리를 잃게 될 것입니다. 그 울을 가공해서 판매하는 각종 업체들도 타격을 받을 것입니다. 밍크를 수출하는 덴마크, 실크를 수출하는 인도, 가죽을 수출하는 캐나다도 마찬가지입니다. 셀 수 없이 많은 사람들의 생계가 달려 있는 산업임을 알면서도 무조건 동물 제품 금지를 주장하는 것은 현실을 외면하는 처사라는 비판을 피하기 힘듭니다.

오늘의 모피는 상반된 이미지를 가지고 있습니다. 어떤 사람들에게는 아름답고 따뜻한 패션 제품이지만 어떤 사람들에게는 잔인한 동물 학대를 상징하는 제품입니다. 이 논쟁은 가까운 미래에 쉽사리 결론을 낼 수 없을 것입니다.

인간이 동물의 '권리'를 생각하기 시작한지는 얼마 되지 않았습니다. 고대 그리스의 철학자 아리스토텔레스<sup>Aristoteles, 기원전 384~322</sup>는 생태계의 구조를 기반으로 동물의 권리를 규정했습니다. 그는 식물은 동물을 위해 존재하고, 동물은 인간을 위해 존재하므로 인간이 동물을 이용하는 것은 지극히 당연한 일이라고 말했습니다.

근대 철학자 데카르트<sup>René Descartes, 1596~1650</sup>는 동물에게는 정신이나 영혼이 없어 쾌락을 느끼지 못하고 고통 또한 느끼지 못한다고 했습니다. 데카르트는 동물을 산 채로 마취도 없이 해부하는 동물실험을 벌인 것으로도 유명한데, 동물이 고통을 느끼지 않는다고 생각했기 때문에 문제의식이나 죄책감을 느끼지도 않았습니다.

18세기 독일 철학자 임마누엘 칸트<sup>Immanuel Kant, 1724~1804</sup>는 "사람이 동물을 사용하는 것은 지극히 정당한 일"이라고 했습니다. 그는 인간이 가진 이성은 동물과 구별되는 고귀한 특성이라 생각했습니다. 그러나 그런 칸트 역시 동물을 학대하거나 잔인하게 처리하는 데는 반대했습니다. 동물이 사람과 같이 고귀한 존재이거나 사람이 동물에 대한 어떤 도덕적 의무가 있어서가 아니라 동물을 학대하는 행동이 사람의 선한 의지를 해칠 수 있기 때문이라 말했습니다.

세월이 지나 연구를 통해 동물도 인간과 마찬가지로 고통을 느끼며 그들만의 감정과 사고 회로가 있다는 사실이 밝혀졌습니다. 피터 싱어와 같이 동물에게 인간과 동등한 권리가 있다고 주장하는 사람도 나타났습니다. 이처럼 사회가 발전함에 따라 인간이 동물을 바라보는 시각은 계속 변화해왔습니다.

극단적인 주장은 언제나 많은 사람들의 반감과 사회적 부작용을 불러옵니다. 하지만 그렇다고 해도 '주장' 그 자체까지 의미가 없는 것은 아닙니다. 동물해방론이 동물성 제품을 전혀 쓰지 않는 생활을 현실로 만들지는 못한다고 해도, 사람들로 하여금 가능한 한 동물에게 인간적인 대우를 해주자는 생각을 이끌어낼 수는 있습니다. 살아 있는 동물에게 마취도 하지 않고 가죽을 벗기는 등 일부 모피 농장의 잔인한 모피 채취 실태가 널리 알려진 것, 모피 제품을 쓰지 않겠다는 사람들이 몇 년 사이 많이 늘어난 데는 동물해방론자들의 꾸준한 문제 제기가 영향을 끼쳤을 것입니다.

채식주의자들이 늘어나며 콩으로 만든 대체육류식품이 보다 활발히 개발되었습니다. 수혈을 거부하는 특정 종교인들은 무수혈 치료, 인공 혈액 개발에 큰 노력을 기울입니다. '보통' 사람들이 보기에 이해하기 힘든 주장들도 그 나름대로 세상 안에서 그들의 역할을 찾아 움직이며, 그 움직임이 나중에는 일반적인 혜택을 받을 수 있는 결과를 낳기도 하는 것입니다. 페이크 퍼fake fur, 아크릴 등으로 만든 인조 모피의 질은 나날이 발전하고 있습니다. 언젠가는 모피의 감촉과 보온성을 완전히 대체할 수 있는 직물이 나올지도 모를 일입니다.

다만 분명한 것은 자신의 주장을 관철하는 과정에서 항상 지켜야 할 원칙이 있다는 것입니다. 다른 사람의 의견, 다른 사람의 가치관을 존중하는 민주적 대화의 자세가 그것입니다. 어떤 사람들은 모 아니면 도를 외치거나 찬성과 반대 두 가지 입장 중 하나를 선택하라고 강요합니다. 폭력적인 방법으로 자신의 의견을 나타내기도 합니다. 하지만 다양한 정보와 의견에 귀를 기울이며 나 자신의 중심을 잡고 스스로 생각해 자신의 입장을 구축해가는 청자들이 많아질 때 세상은 보다 합리적인 방향으로 움직일 것입니다.

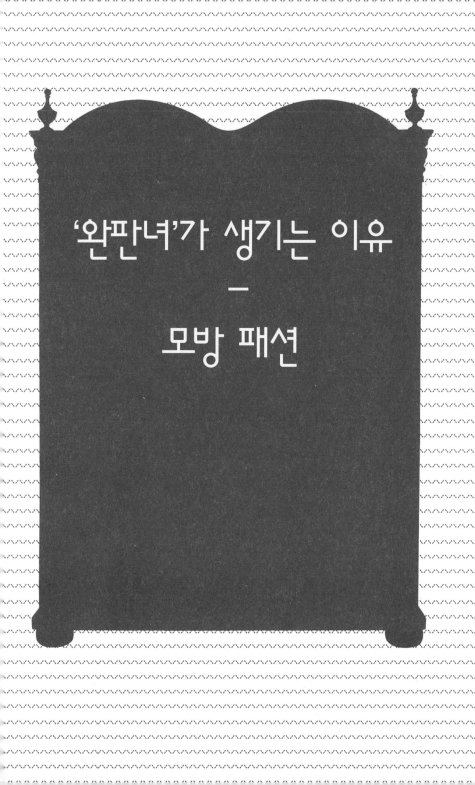

'완판녀'가 생기는 이유
–
모방 패션

간접광고를 뜻하는 'PPL'은 방송을 잘 모르는 사람들에게도 익숙한 용어이다. PPL(product placement)은 '제품 배치'라는 뜻으로, 원래는 영화를 찍을 때 필요한 각종 소품들을 제자리에 배치하는 것을 일컫는 영화 용어였다. 처음에는 영화 제작자들이 먼저 기업에 부탁해 소품을 협찬받아 이용해야 했다. 그러나 영화에 등장한 소품을 소비자들이 적극적으로 탐색하고 구매해 매출이 증가하자 기업들이 먼저 영화사 측에 자사의 제품을 써달라고 부탁하거나 제작비 등을 지원하기 시작했다. 대중영상매체가 발달한 요즘 PPL 마케팅은 더욱 활발해졌다. PPL로 매체에 등장하는 물건은 아파트나 자동차 같은 고가 상품부터 휴대폰, 화장품, 옷, 신발 등 소품까지 다양하며 최근에는 브랜드 자체를 홍보하는 경우도 많다. 그중에서 옷과 가방, 신발 등 패션 제품은 PPL의 가장 큰 수혜자다. 인기 드라마에서 인기 여배우가 입고 등장한 옷은 금세 매진되어 해당 연예인에게 '완판녀'라는 호칭을 붙여주기도 한다.

1937년, 미국 캔자스 시골 출신 기자인 제시 윌리 보일스는 뉴욕에서 열린 신제품 시연회에 참석했습니다. 보고 들은 것을 최대한 자세히 적기 위해 그는 수첩을 손에 쥐고 시연회가 시작되길 차분히 기다렸습니다. 하지만 막상 시연회가 시작되자 보일스는 눈 앞에 보이는 놀라운 물건에 넋을 잃고 말았습니다. 40분간의 시연회가 끝난 후 그가 수첩에 적은 것은 "다음 장면은 뭐야!"라는 문장뿐이었다고 합니다. 도대체 무엇을 본 것일까요? 이날은 그가 태어나서 처음으로 텔레비전을 본 날이었습니다.

그가 본 텔레비전은 커다란 몸체에 12.5인치의 작은 브라운관을 달고 있었고 물어볼 것도 없이 흑백이었습니다. 화질도 그리 좋지 않았으며 직접 브라운관을 보는 형식이 아니라 브라운관을 거울에 비추어 보아야 하는 불편한 형태였음에도 불구하고 시연회에 참석한 200여 명은 감탄을 금치 못했어요. 그리고 상상조차 못 한 이 진기한 물건을 두고 '기적'이라고 말했습니다. 한때는 기적이라고 일컬어지던 텔레비전. 하지만 지금 우리에겐 너무나 당연한 일상의 한 부분이 되었지요.

▸▸ 1937년의 텔레비전 광고. 브라운관을 직접 보는 형태가 아니라 하늘로 향해 있는 브라운관을 텔레비전 세트 뚜껑에 달린 반사경에 비춰 보게 제작되었다.

우리나라에서 텔레비전 방송이 시작된 것은 1956년 HLKZ-TV, 일명 종로방송국이 설립되면서부터입니다. 그 역사가 시작될 때부터 텔레비전은 연예인들을 출연시켰습니다. 1956년에 방영된 한국 최초의 드라마 〈천국의 문〉에 두 배우가 출연한 것을 시작으로 드라마, 교양, 오락 프로그램에 이르기까지 수많은 연예인들이 출연했는데 이들은 시청자들에게 지대한 영향을 미쳤습니다.

1972년에 KBS에서 방영된 드라마 〈여로〉에서 '영구' 역을 맡았던 장욱제는 우리나라 드라마가 만들어낸 최초의 슈퍼스타라 할 수 있습니다. 〈여로〉나 장욱제를 모르는 사람들도 지금까지 영구라는 이름은 알 정도이니 당시의 인기를 짐작할 수 있습니다. 장욱제가 연기했던 영구는 앞니가 빠져 혀 짧은 발음으로 말을 했고 머리에는 기계충 자국 혹은 땜통이라 불리는 원형 탈모 흔적이 있었으며 지능도 모자라는 속칭 바보 캐릭터였습니다. 서울 시내 많은 어린이들 사이에선 발음을 어눌하게 하고 어리숙하게 행동하는 바보 흉내가 큰 유행이 될 정도였다고 해요. 후에 코미디언 심형래가 큰 인기를 얻을 수 있었던 이유도 이 '영구'라는 캐릭터를 잘 따라 했기 때문입니다. 돌아온 영구의 인기에 힘입어 바보 흉내 내기는 1980년대 후반부터 또 한 번 인기를 끌었지요.

## ⫶⫶⫶ 연예인 따라잡기 열풍

영구가 출연했던 1970년대부터 약 40년이 흘렀지만 드라마에 출연하는 연예인들을 따라 하려는 사람들의 심리는 변하지 않았습니다. 연예인들의 말투나 행동을 따라 하기도 하지만, 요즘 사람들이 가장 열심히 흉내 내는 것은 그들의 외모입니다. 각종 포털 사이트에 언제나 빠지지 않고 등장하는 화두 중 하나가 '연예인 따라잡기'입니다. '연예인 몸매 따라잡기', '연예인 메이크업 따라잡기', '연예인 슈즈 따라잡기', '연예인 성형 따라잡기', '연예인 패션 따라잡기' 등 연예인을 닮고자 하는 욕망은 식을 줄을 모릅니다. 인기 연예인이 드라마 속에서 입고 걸치는 의상과 액세서리가 실시간 검색어에 오르고, 사람들은 그 물건이 어떤 브랜드에서 나온 것이며 가격은 얼마이고 어디서 구매할 수 있는지와 같은 정보를 빠르게 공유합니다. 이런 현상을 증명하듯 우리는 알게 모르게 '완판녀'라는 신조어를 자주 접하게 되었습니다. 완판녀란 사용하는 모습을 소비자에게 노출함으로써 해당 제품의 판매를 상당히 촉진하거나 매진에까지 이르게 할 수 있는 영향력을 지닌 여성 유명인을 뜻하는 신조어입니다.

다른 사람을 따라 하려는 심리를 모방심리라고 합니다. 모방심리를 자극하는 사람들은 드라마에 출연하는 탤런트나 많은 팬들을 이끄는 가수 등이 대부분이지만 좀 더 자세히 살펴보면 소비자들의 제품 선택에 영향을 미치는 사람들을 다양한 분야에서 찾아볼 수 있습니다. 뉴스 아나운서나 토론 프로그램에 출연한 패널 등도 거기에 포함될 수 있을 것이고, 조금 더 확장해보면 영화나 음악, 인터넷 매체에서 활동하는 사람들, 신문 지면을 장식하는 정치인과 학계·재계의 인물들, 그리고 스포츠 스타 등도 그들 중 하나입니다.

유명한 사람이 출국하거나 입국할 때마다 '○○ 공항 패션'이라는 사진과 기사가 실리고, 사람들은 그 유명인이 입은 옷을 사겠다며 앞다투어 지갑을 열지요. 어떤 사람들은 이런 모습을 보며 "비정상적"이라며 혀를 차기도 합니다. 정말 비정상적인 상황일까요?

결론부터 말하자면 지극히 정상적인 모습입니다. 아래에서 그 이유를 살펴봅시다.

### ⠿ 패션 소비자 다섯 그룹

미국 퍼듀대학교의 가정경제학 교수였던 조지 스프롤스[George B. Sproles]는 패션 상품의 소비자를 다섯 집단으로 나누어 그들의 특성을 설명했습니다. 아래의 그래프를 한번 살펴볼까요?

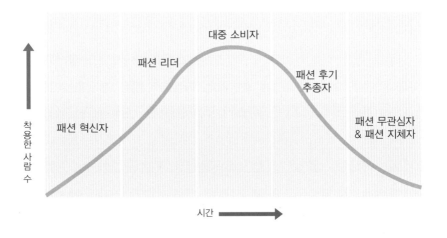

우선 첫 번째, 도표의 가장 왼쪽에 위치해 있는 사람들을 '패션 혁

신자'라고 부릅니다. 가로축이 시간을 나타내므로 이들은 어떤 유행에 있어서 가장 이른 시점에 그 유행을 시도하는 집단입니다. 세로축은 착용한 사람의 수를 의미하니까 패션 혁신자의 숫자는 매우 적다고 할 수 있지요. 이들의 특징은 모험과 새로운 것을 좋아하며 그것을 시도하는 데 두려움이 없다는 것입니다. 그렇기 때문에 새로운 스타일을 처음으로 시도하는 대담함을 보여줍니다.

'패션 혁신자'들을 유심히 관찰하면서 그 뒤를 잇는 두 번째 집단을 '패션 리더'라고 합니다. 시간상으로는 두 번째이고 '패션 혁신자'보다는 다수이지만 전체로 봤을 때는 여전히 적은 수입니다. 그 정도는 덜하지만 이들도 '패션 혁신자'와 같이 적극적으로 새로운 것을 시도합니다.

세 번째, '대중 소비자 집단'은 말 그대로 일반 대중을 의미합니다. 이들은 패션 혁신자, 혹은 패션 리더를 따라 하는 집단입니다. 패션에 어느 정도 관심은 있지만 새로운 것을 시도하는 데는 소극적이지요. 그래서 아주 안전한, 다시 말해 패션 리더들에 의해서 검증된 스타일만을 착용하는 특성이 있습니다. 그래프를 통해서도 알 수 있듯이 사람들의 대다수가 이 집단에 속합니다. 따라서 다섯 집단 중 가장 강력한 구매력을 가지고 있지요. 기업 입장에서 가장 중요한 집단은 어디일까요? 당연히 인구가 가장 많고 가장 강한 구매력을 가진 '대중 소비자 집단'입니다.

이들의 뒤를 이어 유행에 동참하는 집단을 '패션 후기 추종자'라고 합니다. 이들의 특징은 새로운 것을 받아들이는 속도가 느리다는 것입니다. 유행이 끝나가는 옷을 자주 입기 때문에 간혹 촌스럽다는 놀림을 받기도 해요.

마지막 집단은 '패션 무관심자 혹은 패션 지체자' 그룹입니다. 패션을 받아들이는 속도가 극도로 느리거나 유행과 담을 쌓고 사는 사람들, 즉 옷에 관심이 없는 사람들을 말합니다. 유행에 아예 관심이 없는 경우가 대부분이고 변화 자체를 거부하기 때문에 외부의 강제가 있지 않은 이상 새로운 스타일을 받아들이지 않으려고 합니다.

### 파워 숄더 유행

이제 실제로 전 세계를 휩쓸었던 유행의 예를 들어 좀 더 쉽게 얘기해봅시다. 1970~1980년대 여성복 유행에서 가장 눈에 띄는 특징 중 하나는 옷 아래에 두터운 어깨 패드를 넣어 어깨를 넓어 보이도록 했다는 점입니다. 요즘 익숙한 말로는 '파워 숄더Power shoulder'라고 하지요.

당시는 여성들의 사회 진출이 굉장히 활발해지던 때입니다. 그만큼 모든 사회 활동에서 여성이 남성과 동등한, 혹은 더 우월한 성과를 낼 수 있다는 자신감이 확산되던 시기였지요. 여성들의 이런 자신감이 패션으로 표현된 것이 파워 숄더 패션이었는데 얼마 전 세상을 떠난 전 영국 수상 마가렛 대처Margaret Thatcher, 1925~2013가 애용했던 것으로도 유명합니다.

오른쪽 사진 속의 그녀는 미식축구 선수를 연상케 할 만큼 넓고 높은 어깨를 자랑하고 있습니다. 당차고 저돌적이며 타협하지 않는 권위를 가진, '철의 여인'이라는 수식어에 잘 어울리는 패션이지요. 물론 마가렛 대처가 가장 먼저 파워 숄더를 입은 사람은 아니지만 동시대를 살았던 여성들에게 지대한 영향을 미친 것만은 분명하지요. 이

▸▸ 마가렛 대처. 입고 있는 상의의 어깨 부분이 강조되어 있다.

어 1981년 석유 재벌가의 이야기를 다룬 미국 인기 드라마 〈다이너 스티Dynasty〉의 여주인공들이 어깨를 강조한 옷을 입고 출연하면서 이 유행은 대중들 사이에 전 세계적으로 퍼지게 됩니다.

▶▶ 파워 숄더 패션은 2000년대에 들어서 다시 유행했다.

마가렛 대처와 같은 정치인이나 텔레비전 드라마의 주인공들은 유행의 선도자 역할을 했기 때문에 '패션 혁신자' 혹은 '패션 리더'라고 할 수 있습니다. 이들을 보면서 파워 숄더 패션에 동참한 대부분의 사람들은 '대중 소비자 집단'입니다. 주변 사람이 모두 파워 숄더 옷을 한 벌쯤 가지고 있고 이제 유행이 끝나가는 시점에 그제야 파워 숄더 옷을 사 입어야겠다고 생각하는 사람들이 '패션 후기 추종자'이고, 남들이 입든 말든 파워 숄더 패션에 관심조차 없는 사람들은 '패션 무관심자 혹은 패션 지체자'라 할 수 있겠습니다.

## ::::: 왜 유명인들이 패션 리더가 될까?

지금까지 유행이 전파되는 자연스러운 과정을 살펴보았습니다. 패션 리더의 역할을 하는 (연예인을 포함한) 유명인의 패션을 대중 소비자가 따라 하는 것은 아주 자연스러운 현상입니다. 그런데 왜 항상 유명인들만이 패션의 선도자 역할을 하는 걸까요? 태어날 때부터 아주 뛰어난 패션 감각을 가지고 있기 때문일까요?

그렇지는 않아요. 하지만 감각을 떠나서 그들이 패션 혁신자, 혹은 패션 리더 역할을 할 수 있는 유리한 조건을 가지고 있는 것은 분명합니다. 패션에서 매우 중요한 세 가지 요소인 '관심', '정보와 노하우' 그리고 '경제력' 면에서 말입니다.

우선 관심이라는 요소를 살펴봅시다. 유명인들은 자신이 항상 관찰당한다는 사실을 알고 있습니다. 그렇기 때문에 외모를 꾸미는 일에 적극적입니다. 특히 연예인의 외모는 수입과 직접적인 연관이 있습니다. 외모가 매력적이어야만 대중매체에 출연할 기회도 많아지고 광고 및 작품 계약에도 유리하니까요. 그러니 패션에 지대한 관심이 있는 것은 당연하겠지요.

두 번째 요소는 정보와 노하우입니다. 여기서 말하는 정보란 무엇이 최신 유행인지를 아는 것을 말합니다. 특히 연예인들은 디자이너, 코디네이터, 스타일리스트 등 패션 전문가와 접촉할 기회가 많기 때문에 최신 유행에 대해서 알 수 있는 기회가 많습니다. 보통 사람들은 매체에서 다루기 전에는 올해 디자이너들의 동향이 어떤지, 어떤 옷이 유행할지 짐작하기가 힘듭니다. 하지만 연예인들은 패션 관련 정보를 바로바로 얻을 수가 있지요. 게다가 그 유행을 적용해 외모를 꾸미는 능력 또한 보통 사람들보다 뛰어납니다. 코디네이터, 메이크업 아티스트, 헤어 스타일리스트 등 수많은 전문가들의 도움을 받아 항상 최신 패션으로 자신을 꾸미니 유행에 뒤떨어진 옷을 입으려 해도 입기 힘듭니다.

마지막 요소는 경제력입니다. 최신 유행 패션 제품은 가격이 비쌉니다. 유행의 초기 단계, 즉 '패션 혁신자'들이 입는 옷들은 소량 생산된 디자이너의 작품인 경우가 많기 때문에 매우 높은 가격에 판매됩니다. '패션 리더'들에게 입혀질 때쯤이면 많은 브랜드들이 제작에 참여하지만 대부분이 명품 브랜드라서 여전히 가격대가 높습니다.

유행이 '패션 리더'에서 '대중 소비자'로 넘어가는 단계가 되면 그제야 대량 생산이 이루어지면서 가격이 낮아지기 시작합니다. 의류 회사들 간의 경쟁도 치열해져서 제품의 가격이 급격하게 떨어지는 단계입니다. 예를 들어 겨울마다 많은 사람들이 찾는 오리털 점퍼를 생각해봅시다. A라는 유명한 캐나다 오리털 점퍼 브랜드가 있다고 칩시다. 유행 초기에는 캐나다에서 수입한 제품밖에 없습니다. 그러다 보니 오리털 점퍼 한 벌이 백만 원을 훌쩍 넘어갑니다. 하지만 '대중 소비자 집단'이 오리털 점퍼 유행에 참여하기 시작하면 어떻게 될까요? 국내의 많은 업체들이 생산에 가세해 비슷한 오리털 점퍼를 만들어냅니다. 그 제품들의 가격은 몇 십만 원 수준으로 낮아집니다.

이 유행이 지속되면 어떻게 될까요? 이제 회사들은 오리털 점퍼의 유행이 끝날 때를 대비해 다음에 유행할 제품을 기획합니다. 그러면서 이미 생산한 오리털 점퍼를 남김없이 판매하기 위해 가격 마케팅을 시작하지요. 바로 할인 판매가 시작되는 것입니다. 결국 유행이 완전히 지나버리면 옷은 생산 원가에도 못 미치는 가격으로 판매되거나 폐기 처분당하게 됩니다.

결론적으로 유행에 참여하는 시기가 빠르면 빠를수록 지출해야 하는 비용은 더 높아집니다. 따라서 경제적인 여유가 있는 사람들이 높은 비용에 구애받지 않고 이른 시기에 유행에 참여할 수 있는 가능성이 크고, 유명인들은 대부분 경제력을 가진 사람들이 많기 때문에 자연스럽게 패션 혁신자나 패션 리더 계층에 들어가게 됩니다.


## ∭ 우리는 왜 다른 사람을 따라 하고 싶어질까?

하지만 연예인들이나 유명인들이 가진 진짜 패션 리더로서의 힘은 여기에서 끝나지 않습니다. 만일 올해 패션위크에서 많은 디자이너들이 미래지향적인 패션을 선보였다고 칩시다. 그런데 우리나라의 인기 연예인이 복고풍 옷을 입고 활동한다면 어떻게 될까요? 비록 세계 패션계에 미래지향적인 패션이 유행한다 하더라도, 한국에서는 복고풍 패션이 유행할 수도 있습니다.

단순히 패션에 관심이 많고, 정보에 빠르고, 경제력이 있는 것만으로는 설명할 수 없는 힘이 유명인들에게는 있습니다. 그것은 바로 사람들의 모방심리를 자극하는 '역할모델'로서의 힘입니다.

앞서 우리는 마른 몸매를 선망하는 사회 분위기에 대해 이야기하며 매체의 힘에 대해 살펴보았습니다. 대중들은 선망하는 스타의 모든 것에 영향을 받습니다. 비슷한 몸매를 만들기 위해 체중 감량을 하는 것은 물론 비슷한 얼굴을 만들기 위해 성형수술을 하는 경우도 요즘은 적지 않습니다. 말투나 행동거지를 흉내 내기도 합니다. 그중에서도 패션은 가장 모방하기 쉬운 영역입니다. 돈을 내고 같은 제품을 구매하기만 하면 되니까요. 그렇다면 왜 우리는 이처럼 스타를 따라 하고 싶어 할까요?

이탈리아에서 있었던 일입니다. 자코모 리촐라티Giacomo Rizzolatti라는 신경심리학자가 원숭이를 이용해 몸의 움직임과 뇌 활동의 관계를 연구하고 있었습니다. 리촐라티는 원숭이가 손에 물건을 쥐었을 때 뇌의 특정 영역이 어떻게 변화하는지를 여러 번 관찰했습니다. 그런데 어느 날 리촐라티는 놀라운 발견을 하게 됩니다. 한 연구원이 원숭이 앞에서 아이스크림을 먹기 시작하자 그 광경을 지켜보던 원숭이의 뇌 영역에 마치 자신이 직접 몸을 움직일 때와 같은 변화가 일어난 것입니다.

리촐라티는 이 현상을 좀 더 깊이 있게 연구했습니다. 연구 결과, 사람에게는 타인의 행위를 보는 것만으로 정신적으로 그것을 흉내 내며 타인의 행동이나 의도, 생각 등을 추측하고 모방할 수 있도록 기능하는 신경세포가 있다는 것을 밝혀냈습니다. 그 신경세포를 '거울뉴런'이라고 합니다.

사람은 원숭이나 여타 동물들에 비해 훨씬 발달한 거울뉴런을 가지고 있습니다. 보통 동물들이 상대의 행동을 따라 하는 것에 그치는 반면 사람의 거울뉴런은 '마음'의 모방, 즉 공감능력을 관장합니다. 우리가 슬픈 영화를 보며 눈물을 흘리고 다른 사람의 억울한 사연을 들으며 마치 자기 일처럼 분노하는 것, 다른 사람의 좋은 일에 함께

기뻐하는 것은 모두 거울뉴런의 기능 덕분입니다. 아기가 아빠 엄마를 따라 하며 말을 익히는 것, 월드컵이나 올림픽 같은 큰 운동경기가 있을 때 누가 시키지 않아도 옆 사람과 같은 노래를 부르며 응원을 하게 되는 것, 콘서트에서 가수의 노래를 따라 부르는 것도 마찬가지입니다. 사람에게는 남을 따라 하려는 모방심리뿐 아니라 다른 사람에게 심정적으로 공감하는 공감심리도 함께 있는 것입니다.

그런데 이 모방심리는 단순히 우리 생활 속에서 자연스럽게 적용되는 데서 끝나지 않습니다. 기업들이 사람들의 모방심리를 이용해 홍보를 펼쳐 사람들의 '모방소비'를 이끌어내기 때문입니다.

모방심리는 유행을 만들어내는 데 중요한 역할을 합니다. 예를 들어 최근 유행하는 '먹방'은 사람들의 모방심리를 효과적으로 이용한 사례입니다. 텔레비전이나 인터넷에 어떤 음식을 맛있게 먹는 장면을 내보내는 것만으로 해당 식품의 판매가 크게 늘어난다고 합니다. 음식을 먹는 장면이 사람들의 모방심리를 자극하고, 그것이 모방소비로 이어지는 것입니다.

옷이나 구두, 화장품도 마찬가지입니다. 어제까지는 아무도 입지 않던 옷, 아무도 바르지 않던 화장품이 인기 드라마의 인기 여배우가 사용했다는 것만으로 하루아침에 유행 상품이 되는 일은 드물지 않습니다. "내게 어울리지 않는다는 것을 알지만 그래도 가지고 싶다"고 말하는 소비자가 있을 정도입니다. 모방심리가 얼마나 강력한 힘을 가지고 있는지 알 수 있는 부분입니다. 대중과 자주 접촉하는 연예인들은 사람의 모방심리를 가장 효과적으로 이끌어낼 수 있는 사람들입니다.

사람은 단순히 눈에 보이는 것을 따라 하는 모방보다는 다른 사람과 감정적으로 이어지는 느낌을 주는 공감에 더 이끌립니다. 한 모델이 같은 옷을 입고 세 가지의 매체에 등장했다고 합시다. 사진 광고, 텔레비전 광고, 그리고 드라마입니다. 사진 광고는 그 효과가 상대적으로 낮습니다. 사람의 거울뉴런은 움직임, 즉 행동을 눈 앞에 두었을 때 작동하기 때문입니다. 텔레비전 광고는 보다 큰 효과를 거둘 수 있습니다. 움직이는 영상을 통해 상품을 광고할 수 있기 때문입니다.

마지막으로 드라마 출연입니다. 모델은 아주 멋진 여자 주인공 역할을 맡았습니다. 드라마를 보는 사람들은 주인공의 심정에 크게 공감하게 됩니다. 드라마 속 등장인물이 인기를 얻을수록 그들이 이야기 속에서 사용하는 제품들의 매출도 올라갑니다.

우리는 매일같이 텔레비전이나 영화, 인터넷 등의 매체를 통해 좋아하는 유명인들을 접합니다. 그들이 입는 옷과 애용하는 물건이 무엇인지 보고, 그들이 무슨 생각을 하고 있으며 어떤 생활을 하는지를 듣습니다. 그 과정을 반복적으로 거치며 우리는 그들에게 깊이 공감하게 되고, 우리의 거울뉴런은 끊임없이 자극받습니다.

모방심리는 꼭 연예인들에게 국한되는 것이 아닙니다. 일단 유행이 되고 나면 사람들은 알게 모르게 지속적으로 모방심리를 느낍니다. 중고등학생들 사이에 일어났던 '고가 패딩 점퍼' 유행 논란 등은 유명인에 대한 모방심리라기보다는 또래 집단 안에서 일어난 모방소비의 사례라 볼 수 있습니다.

## ⦙⦙⦙ 그렇다면, 따라 하는 게 뭐 어때서?

보통 사람의 입장에서 보았을 때 유명인들은 패션 정보를 얻을 수 있는 좋은 원천이며 개개인의 패션 생활에 동기부여를 해주는 존재입니다. 그들을 따라 하는 일이 잘못되었다고 할 수는 없습니다. 하지만 지나치게 모방에 빠져들다 보면 여러 가지 문제에 봉착하게 되지요. 어떤 문제가 있는지 살펴볼까요?

첫 번째 문제점은 모방심리가 반드시 우리가 일반적으로 '옳다'고 생각하는 방향으로 움직이지는 않는다는 것입니다. 최근 사회 문제가 되고 있는 학교 폭력을 예로 살펴봅시다. 폭력을 주도하는 학생을 흔히 일진이라고 부르는데, 일진은 다른 사람을 괴롭히고 폭력을 행사하는 나쁜 일을 저지르고 있음에도 또래 집단 구성원의 모방심리를 자극합니다. 특히 외부의 영향을 받기 쉬운 청소년들은 집단 안에서 강한 영향력을 가진 존재를 모방하려 하는 경우가 많으므로 주의가 필요합니다.

크게는 모방심리가 사회 전체를 잘못된 방향으로 이끌기도 합니다. 잘못된 것을 '옳다'고 믿는 거대한 흐름이 생기면 다른 나라를 침공해 전쟁을 벌이자는 이야기, 사회 소수자를 법적으로 차별하자는 이야기에도 사회적 합의를 이끌어낼 수 있습니다. 달라붙는 옷이 유행하는 사회에서 혼자 헐렁한 옷을 입고 외출하기가 힘들듯이, 논의의 방향이 이미 정해진 사회에서 홀로 반대의 목소리를 내기란 쉬운 일이 아닙니다.

물론 유행을 따르는 것과 잘못된 의견에 동의하는 것은 다른 성질의 문제입니다. 그러나 비판 없는 모방심리에 지나치게 휩쓸릴 때 사람들은 '대세' 이외에는 인정하지 않게 됩니다. 유행하는 옷이 없으면 부끄러워서 학교에 갈 수 없다는 심리, 많은 사람들과 같은 생각을 하지 않으면 소외당하는 분위기가 만들어지는 현상은 결국 같은 뿌리에서 만들어집니다. 사회를 구성하는 사람들이 유행의 대척점에 있는 '다양성'을 얼마나 인정하느냐의 문제와 맞닿아 있기 때문입니다.

모방심리를 통제하지 못하는 사람들은 그만큼 모방소비로 유도당할 수밖에 없습니다. 기업들은 더 나은 상품을 제작하기 위해 기획과 연구를 하기보다는 유명한 연예인들을 섭외해 상품을 광고하는 데 더 많은 비용을 쏟을 것입니다. 홍보를 하는 연예인들의 몸값이 높아질수록 상품 가격 역시 올라갑니다. 무분별한 모방소비는 장기적으로 보다 질이 낮은 상품을 보다 높은 가격에 구매하게 되는 원인이 될 수 있습니다.

'파파라치'라는 직업이 있습니다. 유명인이나 연예인의 사생활을 사진으로 찍어 이것을 신문사나 잡지사에 팔아 돈을 버는 카메라맨을 말합니다. 그들의 도를 넘은 사생활 침해는 항상 논란이 되고 있지만, 그들의 사진은 언제나 비싼 값으로 팔리고 사람들의 주목을 받기 때문에 논란은 탁상공론으로 끝나고 맙니다.

파파라치의 사진이 인기를 끄는 이유는 인위적으로 연출된 것이 아닌 연예인의 진짜 생활을 엿볼 수 있기 때문입니다. 사람들은 연예인들이 텔레비전 속에서 사용하는 물건들이 어디까지나 기업의 협찬을 받아 광고를 하기 위해 들고 나온 것임을 알고 있습니다. 하지만 파파라치 사진 속 인물들이 들고 있는 가방, 입고 있는 옷, 신고 있는 신발은 그 연예인이 진짜 선호하는 제품처럼 여겨지고, 사람들은 이 제품들을 다시 모방심리로 소비합니다. 이런 소비 패턴은 유명인의 사생활마저 마케팅으로 이용하려는 움직임으로 이어지며 따라서 파파라치의 사생활 침해는 사라질 수 없습니다.

지나친 모방의 또 다른 문제점은 개성의 상실입니다. 『개성의 힘』이라는 책을 쓴 저명한 유전학자 마르쿠스 헹스트슐레거Markus Hengstschläger는 말했습니다. 만약 지구라는 행성에서 가장 중요한 가치를 하나만 꼽으라면 그건 바로 개성이라고. 그 말대로, 이 지구에는 다른 어떤 별에서도 찾아볼 수 없을 정도로 다양한 생물과 사람들이 모여 살고 있지요. 사람은 모두 다르게 생겼고, 저마다 자신만의 고유한 매력을 가지고 있습니다. 하지만 많은 사람들은 자기 자신을 들여다보기보다는 텔레비전이나 사진 속의 다른 사람을 추종하는 데 더 많은 시간과 힘을 소비합니다. 다른 사람과 비슷하게 꾸미지 않으면 뒤처지거나 소외당할지도 모른다는 두려움에 휩싸여 자신의 개성을 뽐내기를 포기하기도 합니다.

새들은 무리지어 다니길 좋아해서 수백, 많게는 수십만 마리가 함께 날아다닙니다. 새들의 이러한 단체 비행을 영어로 '플로킹flocking'이라고 하는데, 인기 유명인이 사용했다는 이유만으로 특정 제품이 하루아침에 불티나게 팔려나가는 모습과 비슷한 면이 있습니다.

새들에게 플로킹은 여러 장점이 있다고 합니다. 함께 날면 적은 에너지를 소비하면서 더 멀리 갈 수 있고 포식자에게 공격당할 위험도 줄여주기 때문입니다. 사람이 유행을 따르는 데도 적지 않은 장점이 있습니다. 거울뉴런을 설명할 때 이야기했듯 사람은 상대의 마음에 공감할 수 있는 능력을 가지고 있습니다. 다른 사람과 같은 옷을 입고 같은 신발을 신으며 우리는 다른 사람과 같은 것을 좋아하고 있다는 공감에서 오는 기쁨을 느낍니다. 사회에 대한 소속감도 느낍니다. 하지만 이런 움직임이 지나치게 과열되면 공감과 통합이 아니라 소외의 근거로 이용될 수 있습니다. '유행에 따르지 않으면 뒤처진 사람'이라는 생각을 한 적이 있나요? 그렇다면 내가 이미 획일화의 함정에 빠진 것은 아닌지 곰곰이 생각해볼 일입니다.

개인의 통제력 문제도 무시할 수 없습니다. 남에게 어떻게 보이느냐가 일의 큰 부분을 차지하는 연예인들은 남보다 앞선 패션을 선보이기 위해 많은 돈을 지출합니다. 하지만 보통 사람들이 연예인의 소비를 그대로 따라 한다면 생활의 균형이 무너질 것입니다. 가령 사용 가능한 돈의 대부분을 최신 유행 상품을 사는 데 써버리면 공부를 하거나 제대로 된 식사를 하기 위한 돈이 남지 않게 되겠지요. 가진 돈을 어떤 부분에 더 쓰고 덜 쓸 것인가는 개인의 자유이지만, 균형 있는 생활을 불가능하게 만들 정도라면 문제가 될 수밖에 없습니다.

재무 전문가들은 패션 관련 지출을 총수입의 4%에서 8% 사이로 잡는 것이 합리적이라고 말합니다. 예를 들어 1년에 3천만 원을 버는 직장인이라면 패션에는 수입의 6%, 즉 1년에 180만 원 내외의 돈을 쓰는 것이 합리적이겠지요. 만일 자신이 총수입의 8% 이상을 패션에 사용하고 있다면 나의 소비 패턴에 문제가 있는 것은 아닌지 점검해볼 필요가 있습니다.

따라 하기를 그만두고 싶다면 어떻게 해야 할까요? 우선은 내 자신에 대해서 알아야 할 것입니다. 나는 어떤 사람인지, 그리고 어떤 스타일이 나에게 어울리는지, 나아가 나는 어떤 사람이 되고 싶은지도 고민해봐야 합니다. '나'의 스타일을 찾기 위한 과정에서 연예인이나 유명인 등 패션 리더들은 좋은 참고가 되어줄 것입니다. 나의 스타일을 찾는 데는 당연히 많은 시행착오가 뒤따르겠지만, 분명히 큰 보람을 얻을 수 있을 것입니다. 패션이란 내가 어떤 사람인지를 사람들에게 알리는 말없는 웅변이기 때문입니다.

# 누가 옷을 만드는가?
## –
## 메이드 인 코리아의
## 현주소

아웃도어(outdoor) 패션의 열기가 뜨겁다. 예전에는 등산이나 캠핑 등을 즐기는 소수의 야외활동 마니아들만 입던 아웃도어 패션 상품들이 일상복으로 자리매김하며 소비자들의 사랑을 한 몸에 받고 있다.

패션 제품의 인기를 가늠하는 척도 중 하나는 광고다. 광고에 어떤 연예인들이 출연하고 있는지를 보면 제품과 브랜드의 인지도를 짐작할 수 있다. 인기 있는 브랜드일수록 '톱 스타'를 광고에 기용한다. 출연료가 천문학적인 스타를 광고에 출연시킨다는 것은 그 출연료에 상응하는 높은 매출을 올리고 있거나 앞으로 올릴 것이라는 확실한 예측이 있어야 한다. 최근 유명 아웃도어 패션 브랜드의 광고 모델들은 모두 톱 스타들이다.

그런데 2012년 봄, 쌀쌀한 날씨에도 불구하고 거리로 나와 눈물짓는 사람들이 있었다. 전년 매출 4천억 원을 달성한 '잘나가는' 아웃도어 패션 브랜드 K사의 직원들이었다. 회사는 점점 성장하고 있는데 그들은 왜 일터에 있지 않고 거리로 나오게 된 것일까? 회사가 93명의 직원을 해고하기로 결정했기 때문이다.

## ∷ 성장하는 회사, 그러나 일자리를 잃는 사람들

K사는 왜 직원들에게 일방적으로 정리해고를 통보했을까요? 회사는 높은 매출을 올리고 있었고 아웃도어 열풍을 타고 꾸준한 성장을 예상할 수 있는 상황이었습니다. 상식적으로 본다면 오히려 직원을 더 채용해야 할 상황이었지요.

하지만 회사는 정반대로 행동했습니다. 아웃소싱outsourcing 방식으로 회사를 운영하기로 결정했기 때문입니다. 아웃소싱이란 회사 업무의 일부를 떼어내 외부에 위탁하는 사업 방식을 통칭하는 말입니다.

요즘 많은 회사들이 아웃소싱 방식으로 운영되고 있습니다. 무엇 때문일까요? 돈, 즉 생산 비용을 줄이기 위해서입니다. 아웃소싱에는 여러 종류가 있는데 대표적인 것이 '노동력 아웃소싱'입니다. 제품을 만들 노동자들을 회사가 직접 고용하지 않고 제품 생산을 다른 회사에 위탁하는 것입니다. 아웃소싱은 같은 나라의 회사와 회사 사이에서는 물론 국경을 넘어서도 발생합니다. 국내 노동자들에게 지급해야 할 평균 임금이 높을 경우 인건비가 낮은 다른 나라에 가서 노동력을 확보하는 방식인데 패션 산업에서 특히 많이 볼 수 있습니다. 패션 산업은 다른 산업에 비해 인건비의 비중이 크기 때문입니다.

K사가 국내 생산을 포기하고 새롭게 신발을 제작하기로 한 곳은 북한의 개성공단과 인도네시아였습니다. 한국에서는 신발 제작 노동자들의 임금이 한 달에 약 100만 원 정도이지만 인도네시아에서는 1인당 약 20만 원, 개성공단에서는 약 14만 원 정도의 임금으로 인력을 구할 수 있기 때문입니다. 한국인, 인도네시아인, 개성공단에서 일

하는 북한 주민이 같은 시간에 같은 품질로 같은 양의 신발을 제작한다고 가정했을 때, 어디에서 신발을 만드는 것이 가장 이익일까요? 기업 입장에서는 임금이 낮은 인도네시아나 개성공단이 한국보다 더 매력적일 수밖에 없습니다.

패션 산업계에서 노동력 아웃소싱이 일반화되며 많은 기업들이 임금이 낮은 나라로 공장을 옮겼습니다. 이는 우리나라뿐 아니라 전 세계적인 현상이었습니다. 방글라데시, 인도네시아, 베트남 등도 인기였지만 가장 많은 공장들이 향한 곳은 중국이었습니다. 중국의 별명이 '세계의 공장'이 된 이유가 여기에 있습니다.

## :: 세계의 공장, 중국

중국은 공산주의 국가입니다. 공산주의의 가장 기본적인 원칙은 사유재산을 인정하지 않고 모든 소득을 공평하게 나누는 것입니다. 이 원칙의 장점은 사회 구성원 사이에 빈부 격차가 생기지 않는다는 점입니다. 공장, 토지, 심지어 소설이나 영화 같은 지적 생산물도 공동 소유물로 여기고 발생하는 수입도 공평하게 나누기 때문입니다. 모두가 똑같이 나누니 부유한 사람도 없고 가난한 사람도 없습니다.

그런데 이 구조에는 큰 문제가 있습니다. 한번 생각해봅시다. 아무리 열심히 일을 해도 그 성과가 나만의 것이 되지 않는다면? 내가 다른 사람보다 열심히 일해도 받는 대가는 똑같다면? 그렇다면 장기적으로 어떻게 될까요?

공산주의 치하에서 사람들은 열심히 일해야겠다는 동기를 부여받기 힘듭니다. 그 때문에 공산주의를 표방했던 많은 나라들은 극심한 경제난에 시달렸습니다. 중국도 같은 상황에 처한 적이 있습니다. 제2차 세계대전이 끝난 후 마오쩌둥毛澤東, 1893~1976이라는 지도자가 중국의 공산주의 체제를 이끌었습니다. 마오쩌둥은 중국의 식량 생산량을 늘리고 산업을 발전시키기 위해 '대약진운동'이라는 경제성장 정책을 펼쳤습니다. 대약진운동의 목표는 대규모 협동농장을 만들어 그곳에서 모든 사람들이 동등하게 일하고 동등하게 대가를 받아 직업·성별·나이·학력 등의 차이를 없앤 공산주의 사회를 이루는 것이었습니다.

하지만 대약진운동은 철저히 실패로 끝납니다. 이제 막 일제의 그늘과 전쟁의 여파에서 벗어난 중국의 기술력은 근대 이전과 큰 차이가 없었습니다. 마오쩌둥은 가내수공업이나 다름없는 원시적인 대장간에서 전국에서 사용할 철을 만들고자 했고 그 외에도 많은 상품들을 전근대적 생산 방법으로 만들고자 했습니다. 그러니 물자 생산량은 인구에 비해 턱없이 모자랐습니다. 특히 가장 큰 문제는 고질적인 식량 부족이었습니다.

'참새 사건'이라는 유명한 일화가 있습니다. 어느 날 논밭을 점검하던 마오쩌둥은 벼를 쪼아 먹고 있는 참새를 발견했습니다. 마오쩌둥은 참새가 곡식을 쪼아 먹지 않으면 식량 생산량이 늘어날 것이라 생각하고 참새 소탕 작전에 나섰습니다. 마오쩌둥의 명령에 국민들은 너 나 할 것 없이 참새 사냥에 나섰고, 중국의 참새는 씨가 말라버렸습니다.

그러나 마오쩌둥의 기대와는 달리 식량 생산은 늘어나기는커녕 역사에 남을 만한 흉년이 찾아왔습니다. 벌레를 잡아먹는 참새를 모두 죽이는 바람에 자연스러운 먹이사슬이 무너지며 논밭에 해충이 엄청나게 번식한 것입니다. 중국의 논밭은 텅 비어 아무것도 수확할 수 없게 되었고, 이 시기를 중국의 '대기근'이라 합니다. 1959년에서 1961년까지 3년 동안의 대기근으로 최소 4천 5백만 명에 달하는 중국인들이 굶어 죽었습니다.

마오쩌둥이 죽은 뒤 덩샤오핑鄧小平, 1904~1997이 중국의 실권을 잡았습니다. 가난의 공포를 절감한 그는 '흑묘백묘론'을 주장했습니다. '검은 고양이든 흰 고양이든 쥐만 잘 잡으면 좋은 고양이'라는 뜻의 중국 속담을 짧게 줄인 것인데, 공산주의든 자본주의든 중국 인민을 잘 살게만 만들면 된다는 선언이었습니다. 1979년부터 중국은 시장경제를 도입했습니다.

시장 경제를 시작하면서 중국이 가장 공을 들여 키운 산업은 다름 아닌 의류 생산과 그것을 뒷받침할 원단 생산 산업이었습니다. 왜 하필 의류 생산업이었을까요?

우선 중국에는 굉장히 풍부한 노동력이 있었습니다. 하지만 고도의 기술력을 요하는 첨단산업에는 투입할 수 없는 비숙련 노동력이었지요. 자본 또한 부족한 상황이습니다. 대규모 자본을 투입하지 않으면서도 노동력만으로 부가가치를 만들어낼 수 있는 산업으로 의류 생산보다 더 안성맞춤인 일은 없었습니다.

정부는 공장에 여러 가지 특혜*를 제공하면서 의류와 원단 산업을 적극적으로 육성했습니다. 그 결과

*
'여섯 가지 우선권'이라 불리는 특혜를 말합니다. 원자재 공급, 전기 및 에너지 공급, 기간시설 건설, 은행 대출, 외화 환전, 그리도 해외 기술 도입 등에서 의류 생산 업체에 특혜를 주었습니다. 그만큼 의류 생산의 현금을 벌어들이는 능력, 즉 캐쉬 카우(cash caw)로서의 역할을 중국 정부가 중요하게 생각했다는 것을 보여줍니다.

미미하던 중국 의류와 원단 수출은 급증했습니다. 중국이 전 세계 의류와 원단 수출에서 차지하는 비율은 1980년에는 4.6%에 불과했습니다. 그랬던 것이 1990년에 6.3%, 2000년에 14.6%로 증가했고 지금 현재는 20%를 웃돌고 있습니다. 지난 20년간 가장 많은 의류와 원단을 수출한 나라가 중국입니다.


## :: 옷장 열어보기

내가 입는 옷은 어디서 만들어졌을까요? 옷장을 열어봅시다. 옷에 붙어 있는 상표를 확인하면 'made in'이라는 문구로 시작하는 원산지 표기가 있을 것입니다. 얼마나 많은 옷들이 외국에서 수입되어 왔는지 한눈에 알 수 있는 자료입니다. 아마 중국에서 온 옷이 가장 많을 것입니다. 베트남, 인도네시아, 인도, 방글라데시 등지에서 온 옷도 적지 않을 것이고요. 그런데 가지고 있는 옷 가운데 우리나라에서 만든 옷은 얼마나 있나요? 두 벌? 세 벌? 혹시 한 벌도 없는 것은 아닌가요?

한때 우리나라는 많은 옷을 생산하고 수출하던 의류 생산의 중심지였습니다. 1990년 기준 중국의 의류 수출액은 10조 원 정도였습니다. 이때 우리나라는 얼마를 수출했을까요? 약 8조 원이었습니다. 중국과 비교해 크게 뒤떨어지는 규모가 아니었지요.

하지만 그 이후 차이는 꾸준히 벌어지기 시작했습니다. 중국에서는 하루가 멀다 하고 새로운 의류 생산 공장을 세우고 외국의 공장들이 찾아오면서 그 규모가 비약적으로 성장한 반면, 우리나라의 의류 생산 공장들은 임금이 싼 외국으로 이전했기 때문입니다.

그 결과는 어떻게 되었을까요? 2005년 기준 중국은 약 80조 원의 의류를 수출했지만 같은 시기 우리는 겨우 2.6조 원 정도를 수출했습니다. 중국이 8배 성장하는 동안 우리는 3배의 역성장을 기록하면서 크지 않던 두 나라의 차이가 15년 만에 30배에 이르게 된 것입니다.

## :: 우리 기억 속의 봉제 공장

이제 옷장 안에서 우리나라에서 만든 옷을 찾기가 어려워졌습니다. 그렇지만 그 사실에 대해 신경 쓰는 사람은 많지 않습니다. 오히려 "그게 어쨌다는 거야?"라고 반문할 사람들이 더 많을지도 모르겠습니다.

이상하지 않나요? 비록 예전이긴 하지만 의류 생산 산업은 우리나라의 주요 산업이었고 적지 않은 국익을 가져다주었습니다. 그런데 왜 사람들은 이런 의류 생산 산업이 축소되는 현상을 '당연하다'고 생각하거나 '어쩔 수 없다'고 생각하는 것일까요?

그 기반에는 의류 산업에 대한 우리의 인식이 숨어 있습니다. 안타깝게도 많은 우리나라 사람들은 '옷을 만드는 일'을 그다지 긍정적으로 생각하고 있지 않습니다. 가난하던 시절 열악한 환경에서 노동력을 착취당하던 봉제 공장 노동자들의 삶을 아직까지 기억하고 있기 때문입니다.

빨간 꽃 노란 꽃 꽃밭 가득 피어도

하얀 나비 꽃나비 담장 위에 날아도

따스한 봄바람이 불고 또 불어도

미싱은 잘도 도네 돌아가네


흰 구름 솜구름 탐스러운 애기구름

짧은 샤쓰 짧은 치마 뜨거운 여름

소금땀 비지땀 흐르고 또 흘러도

미싱은 잘도 도네 돌아가네


- 노래를 찾는 사람들, 〈사계〉, 1989년


'노래를 찾는 사람들'이 1989년에 발표한 노래 〈사계〉 중 일부입니다. 한때 정부 금지곡이었음에도 90년대 최고의 히트곡 중 하나였지요. 멜로디는 경쾌하지만 그 속에는 봉제 공장에서 청춘을 보내던 노동자들에 대한 연민이 녹아 있습니다. 이 노래를 통해 짐작할 수 있듯이 1990년대까지도 우리가 인식하는 봉제 공장의 모습은 그리 긍정적이지 못했습니다.

1970년대의 봉제 공장은 비참하다고 표현할 수 있을 정도였습니다. 1970년대는 일제강점기에서 주권을 되찾은 지 약 30년, 6·25 전쟁이 끝난 지 약 20년이 지난 시기입니다. 우리나라의 경제는 완전히 무無에서 시작해야 할 정도로 황폐해져 있었습니다. 중국이 경제 도약을 위해 의류 산업을 육성했듯이 70년대 우리나라 정부가 육성하기로 마음먹은 산업도 의류 산업이었습니다.

하지만 그 뒤에는 '산업역군'이라는 이름 아래 희생당하는 사람들이 있었습니다. 당시 봉제 공장의 현실을 경험하고 고발한 대표적인 사람이 유명한 전태일 열사입니다. 그는 동대문에 있는 평화시장에서 재단사로 일했는데 매일 아침 8시부터 11시까지 약 15시간을 근무해야 했습니다. 전태일 열사뿐 아니라 같은 곳에서 일하는 사람들 모두 사정은 마찬가지였지요.

그는 동대문 시장에서 집이 있는 도봉산까지 걸어서 출퇴근을 했습니다. 힘든 몸을 이끌고 두세 시간의 거리를 걸어 다닌 이유는 차비 30원을 아껴 풀빵 30개를 사두었다가, 하루에 15시간을 일하고 고작 50원의 일당을 받던 배고픈 견습공들에게 나누어 주기 위해서였다고 합니다. 견습공들은 열 살에서 열다섯 살 사이의 어린 소녀들이 대부분이었습니다.

공장은 환기 시설은커녕 창문 하나 없이 밀폐된 공간이었기 때문에 옷에서 나오는 먼지를 고스란히 마셔야 했습니다. 밤을 새워 일해야 주문 물량을 맞출 수 있었기 때문에 졸음을 쫓는 각성제를 먹어가며 일을 했습니다. 당연히 일하는 사람들의 몸은 심하게 망가져갔습니다.

이런 현실을 개선하기 위해서 전태일 열사는 바보회, 삼동회 등의 조직을 만들어 신문사를 찾아다니며 현실을 고발했고 노동청에 찾아가 때로는 항의하고 때로는 애원했습니다. 좀 더 인간다운 환경에서 일하게 해달라고 말입니다. 하지만 그의 말에 귀를 기울이는 이는 많지 않았습니다.

결국 1970년 11월 13일, 그는 자신의 몸에 석유를 뿌리고 불을 붙였습니다. 타오르는 몸으로 "우리는 기계가 아니다"라고 외치면서 그

는 죽어갔습니다. 사후에 발견된 결단서는 그의 고귀한 뜻을 기리는
많은 사람들의 눈시울을 붉히게 만들었지요. 이 결단서는 분신 3개월
전인 1970년 8월 9일에 작성된 것으로 착취당하는 노동자들을 위해
목숨까지 바칠 각오가 서 있음을 고백한 내용입니다.

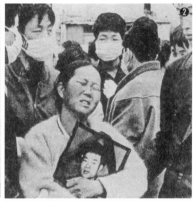

❶ 노동자의 인권을 유린하는 사회의 모순에 분신으로 항거했던 전태일 열사. 사망 당시 그의 나이
겨우 스물둘이었다.
❷ 전태일 열사의 영정을 들고 슬퍼하고 있는 그의 어머니.(전태일재단 사진 제공)

이 결단을 두고 얼마나 오랜 시간을 망설이고 괴로워했던가?

지금 이 시간 완전에 가까운 결단을 내렸다.

나는 돌아가야 한다. 꼭 돌아가야 한다.

불쌍한 내 형제의 곁으로 내 마음의 고향으로.

내 이상의 전부인 평화시장의 어린 동심 곁으로.

(……)

나를 버리고 나를 죽이고 가마.

조금만 참고 견디어라.

너희들의 곁을 떠나지 않기 위해서 나약한 나를 다 바치마.

너희들은 내 마음의 고향이로다.

- 전태일 열사가 일기에 남긴 결단서, 1970년 8월 9일

대한민국의 역사에서 봉제 공장은 아픈 기억의 상징일지도 모릅니다. 옷을 만들어 수출하기 위해, 그래서 외화를 벌어 나라를 발전시키기 위해 어리고 젊은 노동자들을 수없이 희생시킨 장소이기 때문입니다. 특히 봉제 노동자들의 많은 수는 젊은 여성들이었습니다. 그들은 밤을 새워 일하고 받은 적은 돈마저도 자신을 위해 쓰지 못하고 가족들에게 생활비로 부치거나 집안의 다른 형제, 즉 오빠나 남동생 등 '아들'의 교육비로 보내야만 했습니다. 1970년대에 여성들이 공장에서 일을 하고 그렇게 번 돈으로 집안의 남자 형제들이 고등학교나 대학교에 진학하는 것은 드문 일이 아니었습니다.

그들이 존재해야 생활이, 국가 발전이, 고등교육이 존재할 수 있다는 것을 알고 있었기에 공장 밖의 사람들은 그들이 희생당하는 것을 알면서도 애써 외면했습니다. 그리고 노동자들의 희생을 밑바탕 삼아 1980년대 우리나라는 '선진국'의 산업이라고만 여겨지던 건설, 중공업, 전자 산업 등에 필요한 인적·물적 기반을 마련할 수 있었습니다. 그렇게 대규모 산업과 첨단산업이 발전하며, 의류 산업으로 대표되는 여러 경공업들은 슬그머니 뒤로 밀려나게 되었습니다.

가난하고 어둡던 시절의 상징처럼 여겨져서일까요? 1990년대 이후

봉제 공장이 해외로 이전하는 것을 우리나라 경제계는 긍정적으로만 보았습니다. 노동력에 의존하는 의류 산업이 저물고, 반도체나 자동차 등 기술력이 중시되는 첨단산업이 떠오르는 발전적인 변화라고 생각한 것이지요. 우리나라 많은 사람들의 인식 속에 의류 산업은 '가난의 잔재', '후진국의 산업'. '부끄러운 노동 착취의 기억'으로 자리 잡아 지금까지도 사람들의 주목을 받지 못하고 있습니다.

## :: 의류 산업은 정말 후진 산업일까?

노동집약적이라는 이유만으로 의류 생산을 후진 산업으로 생각하는 사람이 많습니다. 개발도상국을 넘어 선진국을 향해 가고 있는 우리나라에 어울리지 않는 산업이라는 것입니다. 사람들은 이제 우리에게 어울리는 산업은 조선, 철강, 건설, 반도체 같은 규모가 크고 첨단기술이 필요한 산업이라고 주장합니다.

낮은 임금을 찾아 공장을 옮겨야 하는, 다시 말해 인건비를 최대한 줄여야 경쟁력을 갖출 수 있는 저가 시장만을 봤을 때 의류 산업은 후진국형 산업이라 할 수 있습니다. 하지만 고가 시장에서는 전혀 다른 이야기입니다. 오른

| 순위 | 국가명 | 수출금액 |
|------|--------|----------|
| 1 | 중국 | 161.5 |
| 2 | 홍콩 | 25.9 |
| 3 | 이탈리아 | 24.5 |
| 4 | 방글라데시 | 21.1 |
| 5 | 독일 | 20.7 |
| 6 | 인도 | 15.2 |
| 7 | 터키 | 14.8 |
| 8 | 베트남 | 13.8 |
| 9 | 프랑스 | 11.6 |
| 10 | 스페인 | 9.8 |

▶▶ 2012년 의류수출 상위 10개국(단위 : 조 원)

쪽의 표를 볼까요? 의류 수출을 주도하고 있는 상위 10개 나라가 어디인지 보여주는 표입니다.

우리나라보다 임금 수준이 낮은 중국·방글라데시·베트남 등이 1위, 4위, 8위를 기록하고 있는 가운데 평균 임금이 우리나라보다 높은 나라들, 즉 이탈리아·독일·프랑스·스페인이 순위에 포함되어 있는 것이 보일 것입니다. 2010년 기준, 제조업의 시간당 평균 임금은 독일이 46,200원, 프랑스 42,800원, 이탈리아 35,300원, 스페인 28,100원입니다. 17,500원인 우리나라보다 훨씬 높지요.

이들 나라가 높은 임금에도 불구하고 여전히 의류 수출 강대국일 수 있는 이유는 어디에 있을까요? 가격 경쟁 대신 품질 경쟁, 브랜드 경쟁, 기술 경쟁을 하고 있기 때문입니다.

위의 국가들은 세계적으로 알려진 명품들이 생산되는 곳입니다. 독일에는 질 샌더Jil sander, 에스카다Escada, 에티엔느 아이그너Etienne Aigner가 있고 스페인에는 로에베Loewe, 마놀로 블라닉Manolo Blahnik, 아돌포 도밍게즈Adolfo Dominguez가 있습니다. 이탈리아는 구찌, 아르마니Armani, 프라다Prada가 있고 프랑스에는 샤넬, 루이비통, 크리스찬 디올이 있습니다. 모두 '얼마나 싼 제품을 만드는가'가 아니라 '얼마나 소비자를 만족시키는가'로 경쟁하는 브랜드들입니다.

높은 임금을 주어야 하는 디자이너들과 장인들을 채용해 회사를 운영하고 있지만 해마다 매출 신장을 기록하며 자국의 경제 발전에 크게 일조하고 있습니다. 특히 프랑스와 이탈리아는 명품 덕분에 벌어들이는 관광 수입도 만만치 않습니다. 제품을 해외로 판매하는 데 그치지 않고 해외의 소비자를 직접 찾아오게 만드는 힘이 있다는 이야기입니다.

옷을 만드는 노동자들 역시 노동의 가치에 걸맞는 대우를 받습니다. 샤넬의 옷을 만드는 과정을 담은 다큐멘터리 영화 〈시네 샤넬Signé Chanel〉을 보면 옷을 장식하는 끈을 만드는 장인의 이야기가 나옵니다. 샤넬 옷의 장식끈을 만드는 장인은 75세의 여성입니다. 옷 전체도 아닌, 장식끈 하나를 만들기 위해 본사에서 직접 사람을 보내 장인에게 일을 부탁하고 많은 비용을 지불하며 매년 직원들을 장인에게 파견해 제작 노하우를 배우게 합니다. 그 제작 공정의 세심함은 보통 사람들의 상상을 초월합니다. 그렇기에 명품 브랜드의 제품들은 비싼 가격에도 불구하고 오랜 세월 그 가치를 인정받고 있습니다. 이쯤 되면 우리나라의 패션 산업이 어떤 방향으로 나아가야 할지 이미 눈치를 챘을 것입니다.

**방향 하나** : 고급 브랜드

루이비통, 크리스찬 디올, 지방시Givenchy 등의 명품 브랜드를 소유하고 있는 '루이비통 모에 헤네시그룹LVMH'은 2010년 매출이 약 30조 원이라고 발표했습니다. 6백만 인구를 가진 나라, 파라과이 국민총생산보다 높은 수치입니다.

우리나라에서 이런 패션 그룹을 성장시킬 수 있다면? 국가 경제에 큰 도움이 될 것입니다. 패션 산업은 많은 일자리를 창출할 수 있기 때문입니다. 의류나 신발 등 패션 제품의 제조에는 사람의 손길이 꼭 필요합니다. 가격이 낮은 제품은 기계로 대량 생산을 할 수 있지만, 고가품일수록 장인 정신이 깃든 제품, 사람의 숙련된 기술로 만들어진 제품의 가치를 높게 쳐주기 때문입니다. 인건비의 높낮이가 아니라 차별화된 기술이 산업을 움직이는 것입니다. 숙련 기술자들이 필요한 산업이 발전한다면, 대학 등 고등교육은 지나치게 중시하는 반면 전문기술교육에는 소홀한 경향이 있는 우리나라에서 교육 인플레이션을 억누르고 다양한 직업군을 양성할 수 있는 기회가 마련될 수 있을 것입니다.

### 방향 둘 : 웨어러블 테크놀로지

우리나라의 앞선 전자전기 기술이 패션 산업에 활용될 수도 있습니다. 첨단 공학과 패션에 무슨 접점이 있을까 싶지만 의외로 많은 활용 방법이 있답니다. 예를 들어 이런 것은 어떨까요? 어두운 밤에 자전거를 타다 보면 앞이 잘 안 보여 불편할 때가 많습니다. 게다가 자동차 운전자들에게 잘 보이지 않아 사고의 위험도 높지요. 이럴 때 옷이 스스로 빛을 비춰주면 참 편리하겠죠?

사진은 '구스디자인'이라는 회사에서 개발한 '스스로 빛을 내는 사이클복'입니다. 옷 자체에 얇은 태양광 전지가 코팅되어 있어서 햇빛을 받는 동안 스스로 전기를 생산해 축적해놓습니다. 그 다음 소매에 장착되어 있는 버튼을 눌러주면 전선의 역할을 하는 첨단 실을 통해 전력이 전달되어 옷이 빛나기 시작합니다. LED나 전기 전구와 같은 거추장스런 장치가 아니라 '전기 발광 잉크electroluminescent ink'라는 신소재를 이용했기 때문에 입기에 전혀 불편하지 않으면서도 자전거를 타는 데 많은 편리함을 줍니다.

이처럼 첨단기술을 적용한 옷이나 기타 패션 제품을 웨어러블 테

▶▶ 옷의 뒷면은 자동차 운전자들의 눈에 쉽게 띄게 해 안전을 도모하고
옷의 앞면은 자전거 운전자가 편하게 주행할 수 있도록 전조등 역할을 해준다.

크놀로지wearable technology라고 부릅니다. 세계 각지에서 관련 전시회와 심포지움이 열리는 등 날이 갈수록 사람들의 관심이 높아지고 있지요. 패션 산업의 영역은 아직 더더욱 넓어질 수 있습니다.

### 방향 셋 : 디자이너 양성

궁극적으로 우리나라의 패션 산업이 발전하기 위해 가장 중요한 일은 능력 있는 디자이너를 키우는 것입니다. 고급 브랜드 육성도, 웨어러블 테크놀로지 개발도 좋은 디자인이 없으면 아무 소용없기 때문입니다. 따라서 어떻게 미래의 디자이너를 교육하고 키워나갈 것인지에 대한 고민이 먼저 이루어져야 합니다.

세계적인 패션쇼인 파리컬렉션에서는 행사 기간 동안 상품 전시회를 엽니다. 이 상품 전시회trade show를 '트라노이Tranoi'라고 하는데 이곳은 수천 명의 패션 전문가가 모여 유망한 상품, 그리고 그 상품을 만들어낸 디자이너를 발굴하는 자리입니다. 세계 각지의 바이어buyer들이 몰려들기 때문에 이곳에서 인정을 받은 디자이너는 곧바로 세계적인 패션 디자이너로 발돋움할 수도 있습니다.

2010년 트라노이에는 우리나라 디자이너 열 명이 참가해 소기의 성과를 거두었는데 그 뒤에는 서울시의 지원이 있었습니다. 신진 디자이너들을 초청해 경쟁의 장을 만들어주고 파리 트라노이에 갈 수 있도록 경제적인 지원을 해준 것이지요. 덕분에 저가 시장이라는 인식이 강한 동대문 시장에서 일한 경력을 바탕으로 자신만의 디자인을 완성한 최범석, 자르고 꿰매는 데만 의지하지 않고 몸의 곡선과 중력의 힘으로 옷의 형태를 만들어가는 '드레이핑Draping' 기법으로 유명한 이승희, 디자인에는 여유와 거칢을 불어넣되 완벽에 가까운 제작 과정을 통해 옷의 품질을 높이는 신재희 등 다양한 배경과 감각을 가진 디자이너들이 세계 무대에 설 수 있었습니다. 이런 기회들이 더 많아진다면 아직은 미약한 서울 패션위크도 파리, 밀라노, 뉴욕, 런던에서 펼치는 4대 패션위크에 버금갈 날이 오지 않을까요?


## ∷ '메이드 인 코리아'가 가야 할 길

앞에서도 말했다시피 우리나라는 70년대부터 의류 산업 강국이었습니다. 하지만 그것은 의류나 기타 패션 제품을 제조하는 데 국한되어 있으며, 직접 창조적인 패션 제품을 디자인하거나 개성 있는 브랜드를 만드는 일은 아직 걸음마 단계라 할 수 있습니다. 최근에는 국내뿐 아니라 해외에서도 몇 가지 소수 브랜드들이 주목받고 있지만 고급 브랜드 시장에까지 진출해 대중의 사랑을 받는 브랜드는 없다고 봐도 무방합니다.

우리나라에도 심도 있게 패션을 공부하고 자신만의 디자인으로 세계 시장과 승부하려는 디자이너들이 속속 등장하고 있습니다. 옛날 도매 시장의 역할을 하던 동대문 등지에는 이제 스스로 디자인한 옷을 판매하고자 하는 젊은 디자이너들이 모여들고 있습니다.

하지만 이들 디자이너들에게는 자본이 많지 않습니다. 백화점, 대리점, 할인판매점, 대형 마트 등 다양한 경로로 제품을 판매하는 기업들과 달리 판매를 할 수 있는 시장에도 제한이 있습니다. 때문에 대량 생산을 하기 힘들고 해외 산업체와 아웃소싱을 맺기도 어렵습니다. 이러한 소규모 패션 업체에게 국내 의류 생산 공장이 점점 줄어드는 현상은 그 자체로 위협적입니다.

시장은 생태계와 같기 때문에 대기업과 중소기업들이 공존해야 산업의 독점과 상품의 획일화를 막을 수 있습니다. 산업을 몇 개의 대기업이 독점하면 단지 해당 기업의 규모만 커질 뿐, 정작 제품의 독창성이나 다양성은 점점 뒤떨어지기 쉽습니다. 새로운 제품을 개발하고 고유의 브랜드 가치를 높이는 데 드는 비용보다 해외의 유명 상품을 수입해 판매하는 데 드는 비용이 더 적게 들기 때문에 수입에만 집중하게 되는 경우도 많습니다. 때문에 새로운 시도에 드는 기회비용을 아까워하지 않는 도전적인 소규모 산업체들은 산업의 발전을 위해 반드시 필요합니다.

또한 고급 패션 브랜드 시장을 구축하기 위해서는 생산 과정의 모든 요소를 꼼꼼하게 처리할 수 있는 숙련된 생산 노동자가 필요합니다. 그러자면 저렴한 인건비로 일을 하는 해외 업체가 아닌, 우리나라의 숙련 노동자들에게 제대로 된 인건비를 지불하고 제품을 만들어야 합니다.

국내 생산이 활성화되면 중소·영세 생산업체들의 기회도 늘어나게 됩니다. 또한 아직까지 노동의 강도나 기술의 숙련도에 비해 지나치게 낮은 임금을 받고 있는 의류 제조업 종사자들은 일의 가치에 맞는 임금을 받을 수 있을 것입니다.

'메이드 인 코리아' 패션 제품은 더 이상 가격 경쟁으로 살아남기 힘듭니다. 우리보다 현저히 낮은 임금으로 제품을 생산하는 나라들이 즐비하기 때문입니다. 하지만 우리나라가 가진 자원을 제대로 활용할 수 있다면 무한한 기회를 찾을 수 있을 것입니다.

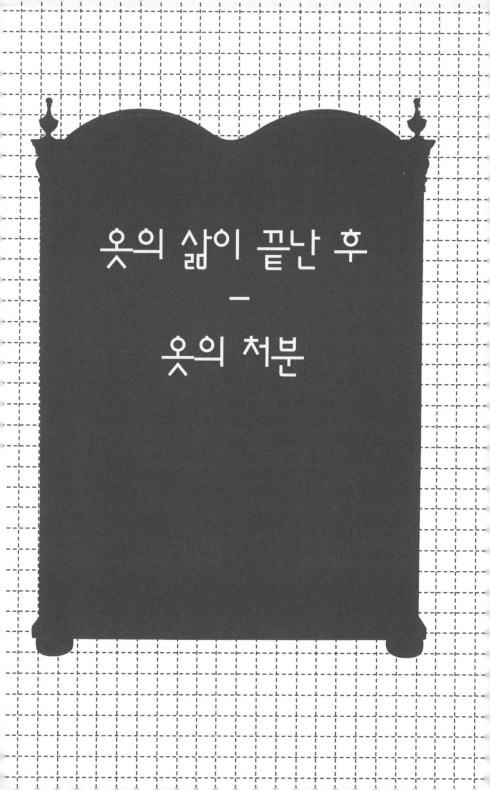

옷의 삶이 끝난 후
-
옷의 처분

플리마켓(Flea market)이 새로운 명소로 떠오르고 있다. 플리마켓은 우리말로 흔히 '벼룩시장'으로 통칭되는, 자신이 쓰던 물건을 판매하는 노천 시장이다. 전문 상인보다는 자신들이 쓰던 물건을 가지고 참가하는 일반 소비자들이 주축이 되며 이익보다는 재활용과 나눔에 목적을 두고 있다. 중고 시장은 우리나라에 오래 전부터 존재해왔으나 주로 헌 물건을 싼 값에 처리하기 위한 목적으로 이용하는 사람들이 많았고 특색 있는 제품이 적어 큰 인기를 끌지 못했다. 그러나 최근 열리는 소규모 중고 시장은 톡톡 튀는 매력을 자랑한다. 직접 그린 그림이나 직접 만든 소품, 음식 등을 가지고 나오는 판매자들도 있다. 중고 물품 판매자들도 낡아서 쓰지 못하게 된 물건보다는 아꼈지만 이제는 가지고 있기 힘든 물건들, 마음에는 들지만 개인적인 사정상 쓰지 못하는 물건들을 중심으로 판매하기 때문에 시장을 구경하는 것만으로도 충분히 즐거움을 느낄 수 있다. 이러한 중고 시장들이 유명세를 타면서 각 지자체들은 독특한 매력이 있는 '플리마켓'을 유치하는 데 노력을 기울이고 있다. 많은 사람들이 참여하는 것으로 유명한 시장, 디자이너들이 직접 참여하는 것으로 유명한 시장, 힙합 패션이나 글램 패션 등 특색 있는 분야의 패션 소품이 많이 나오는 것으로 유명한 시장으로 세분화되는 등, 중고 시장은 진화를 거듭하고 있다.

## ✖✖ 패션 제품이 버려지는 이유는 남다르다?

봄나들이 길을 함께했던 노란 트렌치코트, 피서 여행 사진 속에 남아 있는 그래픽 티셔츠, 늦은 가을비를 함께 맞은 도톰한 울 스웨터, 그리고 눈바람 속에서 따뜻하게 나를 감싸 안아주던 패딩 점퍼……. 아무리 좋아하던 옷이라도 영원히 함께할 수는 없습니다. 옷으로서의 삶이 끝나고 나면 이 옷들은 어디로 가게 될까요? 옷으로서의 삶은 어떻게 끝나는 것일까요?

다른 제품들과 패션 제품은 버려지는 이유가 뚜렷이 다릅니다. 자동차의 경우를 생각해봅시다. 처음에는 튼튼하던 자동차도 긴 거리를 달리거나 험한 길을 달리는 일이 점점 늘어나면서 엔진이나 각종 부품 등에 문제가 일어나기 시작합니다. 시간이 지날수록 그 정도도 심해져 쉽게 고장이 납니다. 그러면 자동차 본연의 기능, 즉 달리는 일을 제대로 수행할 수 없게 되지요.

휴대폰도 마찬가지입니다. 신제품이 나오는 속도가 빨라지면서 휴대폰이 고장 날 때까지 오래 사용하는 경우가 드물어지긴 했지만 여전히 기기 고장은 휴대폰을 버리게 만드는 중요한 원인입니다.

하지만 옷은 어떤가요? 기능에 문제가 생겨 옷을 새로 사는 경우는 매우 드뭅니다. 10년 전에 산 코트를 입어도 따뜻하기는 매한가지입니다. '보온성'이라는 기능에는 거의 이상이 없다는 말이지요. 그런데도 불구하고 단순히 유행이 지났다는 이유로 옷들은 버려집니다. 더플코트에서 피코트로, 길이가 짧은 코트로, 때로는 긴 코트로, 한 줄 단추에서 두 줄 단추로, 라펠코트나 재킷의 깃이 접혀 젖혀진 부분이 넓은 코트에서 좁은 코트로, 깃을 눕히는 코트에서 깃을 세우는 코트로, 몸에 딱 맞는 라인의 코트에서 실루엣을 가리는 헐렁한 코트로……. 우리는 끊임없이 옷을 바꿔 입습니다. 유행의 속도는 어마어마하게 빨라서 새로 산 지 몇 달밖에 안 된 옷이 촌스러운 것이 되고, 그래서 산 새 옷은 몇 달 후면 또 구식 옷이 되지요. '유행의 변화'는 옷을 버리게 만드는 첫 번째 이유입니다. 신발이나 모자 같은 다른 패션 제품도 마찬가지입니다.

옷을 버리게 되는 두 번째 이유는 '몸의 변화'입니다. 아동복을 생각하면 금방 이해할 수 있을 것입니다. 아이들은 빠른 속도로 자라기 때문에 1년만 지나도 옷과 신발이 작아지지요.

어른이 되어서도 몸은 계속해서 변합니다. 살이 찌기도 하고 반대로 살이 빠지기도 합니다. 특정 부위만 살이 찌거나 빠져 몸의 형태가 변하는 경우도 있습니다. 노인이 되면 키와 체구가 점점 작아집니다. 이처럼 우리 몸은 평생 변한다 해도 과언이 아닌데, 이렇게 변하는 몸에 맞추기 위해서 새 옷을 사고 맞지 않는 옷은 버리게 됩니다.


## ❖ 옷들의 휴게소, 옷장


하지만 유행이 지났다고, 혹은 사이즈가 맞지 않는다고 해서 모든 옷이나 신발이 바로 버려지지는 않습니다. 사용되지 않는 패션 제품들이 버려지기 전 거치는 장소가 있습니다. 바로 옷장 속입니다. 한 조사 결과에 따르면 옷장에 있는 옷 중 자주 입는 옷은 20% 정도뿐이라고 합니다. 나머지 80% 정도는 옷장 속에 방치되어 잠들어 있다는 것입니다. 왜 우리는 입지 않는 옷을 곧바로 버리지 않는 걸까요? 여기에는 대표적으로 세 가지 이유가 있습니다.

첫 번째, 작아진 옷을 다시 입을 수 있을 것이라 생각하기 때문입니다. 지금은 살이 쪘지만 다이어트를 하면 옛날 몸매로 돌아갈 수 있을 거라는 희망 때문에 작아진 옷을 버리지 못하는 경우입니다. 체중이 늘어난 사람이 "살 빼서 다시 입어야지"라며 예전에 입던 옷을 고이 간직하는 경우를 주변에서도 종종 볼 수 있지요?

두 번째, 옷의 현재 가치를 인정하지 않는 경우입니다. 만일 여러분이 큰맘을 먹고 몇 십만 원짜리 코트를 샀다고 칩시다. 그런데 시간이 지나며 유행이 바뀌어 이제 그 옷을 입고 외출하기가 힘들어졌습니다. 유행이 지나면 옷의 값어치는 점점 떨어집니다. 하지만 많은 사람들은 구매할 때의 가치를 생각하고 들인 비용이 아까워 옷을 버리지 못합니다.

입지 않는 옷을 쌓아놓는 마지막 이유는 '추억'입니다. 사람마다 추억이 어린 옷을 한두 벌쯤 가지고 있게 마련입니다. 특별한 장소에서의 추억, 사랑하는 사람과의 추억을 떠올리게 하는 옷이라면 버리기가 정말 어렵겠지요. 그런 옷을 가지고 있나요?

하지만 입지 않는 옷을 켜켜이 쌓아놓은 상태에서 계속 새 옷을 사들이다 보면 어떻게 될까요? 결국 옷장 안이 꼭 차고 말겠지요? 사람들이 입지 않는 옷을 처분하기로 마음먹는 것은 대부분 이때쯤입니다. 혹은 이사를 하거나 대청소를 할 때 한꺼번에 많은 옷을 정리하기도 하지요.

자, 이때 '입지 않는 옷'의 앞에는 대략 세 가지의 길이 있습니다. ① 버린다. ② 기부한다. ③ 재활용한다. 이제 각 선택지를 따라가봅시다.

## ⁙ 첫 번째 생을 마친 옷이 가는 길

### 버린다

쓰레기로 버릴 경우 옷의 일생은 여기서 끝납니다. 매립장으로 간다면 땅에 묻히고, 소각장으로 간다면 불태워집니다. 양쪽 모두 환경을 오염시킨다는 공통점이 있습니다. 면이나 울 같은 천연섬유는 심각한 오염물질을 배출하지 않지만 나일론·폴리에스터·레이온·PVC 같은 합성섬유는 땅에 묻든 불에 태우든 시안가스나 염화수소 같은 오염물질을 대량으로 발생시킵니다. 버리는 것은 옷을 처분하는 가장 쉬운 방법이지만 그렇게 바람직한 마지막 같지는 않습니다. 앞에서 '에코 패션'에 대해 살펴보았습니다. 진정한 친환경 패션을 추구한다면 만들 때 배출되는 물질뿐 아니라 버릴 때 배출되는 물질에 대해서도 주의해야겠지요.

### 기부한다

우리는 헌 옷을 가난한 사람들이나 경제적으로 낙후되어 있는 외국에 기부하기도 합니다. 기부한 옷은 다양한 방법으로 도움이 필요한 사람들에게 전달됩니다. 바자회를 열어 옷을 판매해 그 수익금을 전달할 때도 있고 옷을 직접 나눠 줄 때도 있습니다. 특히 전 세계에서 가장 가난한 지역인 아프리카에는 세계 각지에서 기부된 많은 옷들이 구호품으로 도착합니다.

그런데 옷을 나누어 주는 것이 아프리카 사람들에게 전혀 도움이 되지 않는다고 주장하는 사람들이 있습니다. 쓰지 않는 물건을 필요한 사람에게 나눠 주는 것은 좋은 일 같은데 왜 그런 의견이 나오는 것일까요?

기부된 옷은 쌀가마니만 한 덩어리로 비닐 포장이 되어서 아프리카로 들어갑니다. 이 옷꾸러미를 미툼바mitumba라고 합니다. 동부아프리카 언어인 스와힐리어로 '꾸러미들'이라는 뜻인데 헌 옷이 꾸러미로 들어오니 자연스레 이것들을 미툼바라 부르기 시작한 것입니다.

이 미툼바는 아프리카 주민들에게 무료로 제공되지 않습니다. 대가 없이 주어진 기부 물품이긴 하지만 이들을 선별하고 포장하고 운반하는 데만도 꽤 큰 비용이 들기 때문입니다. 하지만 기부 물품인 만큼 최소한의 값만 받기 때문에 가격은 매우 낮습니다. 아무리 좋은 옷이라 하더라도 우리 돈 1, 2천 원이면 살 수 있을 정도라고 하니 아주 저렴하지요? 경제적으로 풍족한 나라에서 가져온 옷들이라 품질도 좋고 디자인도 나무랄 데가 없으니 가난한 사람들에게는 더없이 고마운 존재입니다.

그런데 다른 쪽에서 생각해보면 이 미툼바가 참 골칫거리입니다. 아프리카의 의류 산업 발전을 방해하는 주범이기 때문입니다.

아프리카 사람들은 미툼바 시장에서 비록 중고지만 질 좋은 물건을 아주 싼 값에 살 수 있습니다. 그러다 보니 품질은 조악하면서 비교적 더 비싼 아프리카 생산 새 제품에는 눈길을 주지 않게 되었습니다.

❶ 일정한 크기로 포장되어 있는 미툼바. ❷ 탄자니아의 미툼바 시장.

앞에서도 말했듯이 의류 생산은 미숙련 노동자들이 많고 자본이 부족한 상황에서 국가 경제의 기초를 닦을 수 있는 중요한 산업입니다. 아프리카 여러 나라의 상황에 꼭 들어맞지요. 실제로 아프리카 국가들은 저마다 의류 산업을 발전시키기 위해 노력해왔습니다. 그런데 이게 웬일입니까? 나라 경제를 발전시키려면 의류 산업이 꼭 성장해야 하는데 다른 나라에서 무료로 제공하는 옷 때문에 성장은커녕 있던 공장마저 문을 닫아야 하는 처지가 되어버렸으니 말입니다.

어때요? 이제 기부에 대한 다른 시각을 이해할 수 있겠지요? 가난한 사람들 입장에서는 싸고 질 좋은 미툼바가 고마운 꾸러미지만 의류 생산에 종사하는 사람들과 정부 입장에서는 경제 성장의 발목을 잡는 눈엣가시일 수밖에 없습니다. 그래서 탄자니아를 비롯한 여러 아프리카 국가들에서는 미툼바의 국내 반입을 계속 허용할 것인지 금지할 것인지를 두고 갑론을박이 한창이라고 합니다. 좋은 뜻으로 기부한 사람들 입장에서는 조금 머쓱해지는 상황이지요.

### 재활용한다

재활용에는 두 가지 방식이 있습니다. 하향재활용downcycling과 상향재활용upcycling입니다. 하향재활용은 다 쓴 제품을 원래 제품보다 가치가 떨어지는 상품으로 재활용하는 방식입니다. A4용지를 재활용해 포장용 골판지를 만드는 경우를 예로 들 수 있습니다. 패션 제품에서 볼 수 있는 하향재활용의 대표적인 예는 버려진 면제품으로 기계 부품에 묻은 기름때를 닦는 공업용 걸레를 만드는 것입니다. 면은 흡착력과 흡습성이 좋기 때문입니다.

상향재활용은 하향재활용의 반대 개념입니다. 재활용 과정을 거치면서 오히려 가치가 상승하는 재활용이지요.

4년에 한 번 돌아오는 축구 축제, 월드컵 때면 각국의 유니폼을 구경하는 것이 큰 즐거움입니다. 그런데 2010년 남아공 월드컵에서 우리 국가대표가 입은 유니폼에는 비밀이 숨어 있었답니다. 바로 옷의 소재인데요. 놀랍게도 당시 우리나라 유니폼은 버려진 페트병으로 만든 옷이었습니다. 약 여덟 개의 페트병을 열처리한 후 폴리에스터 원사를 뽑아내면 축구 유니폼 상의 한 벌을 만들 수 있습니다. 빈 페트병으로 국가대표 유니폼이라는 가치 있는 제품을 생산해냈으니 훌륭한 상향재활용이라 할 수 있습니다.

패션 제품으로 할 수 있는 가장 쉬운 상향재활용은 해당 소재의 특성에 잘 들어맞는 새로운 제품을 만드는 것입니다. 아기 옷은 대부분 부드럽고 보송보송한 면으로 만들어집니다. 그런데 아기 옷은 버려지는 옷들 중 꽤 높은 비중을 차지한답니다. 아기들은 금방금방 자라기 때문에 옷도 금방금방 작아져 입지 못하게 되기 때문이지요. 아직 새 옷이나 다름없는 아기 옷들을 재활용할 수 있다면 참 좋을 것입니다.

그렇다면 아기 옷이 가진 특성에 적합한 다른 제품은 무엇일까요? 쿠션이나 인형 등 부드러운 감촉이 요구되는 제품으로 재활용하는 것이 가장 적절하지 않을까요? 이런 생각에서 시작되어 만들어진 유명한 상향재활용 제품이 있습니다. 바로 '릴라씨 인형'이라는 고릴라 인형입니다. 재활용품 전문 가게인 '아름다운 가게'에서 만들기 시작한 인형으로, 헌 아기 옷이나 면 티셔츠들이 멸종 위기에 처해 있는 고릴라로 변신해서 많은 사랑을 받고 있지요.

이러한 재활용 제품들은 쓰레기가 될 입장에 처한 헌 옷들로 완전히 새로운 가치를 만들어낸다는 점에서 가장 이상적인 재활용이라 할 수 있습니다. 하지만 기술적인 한계가 있고 재활용으로 생산할 수 있는 물품 종류가 한정적이므로 아직 폭넓게 이용되지 못하고 있는 실정입니다. 하지만 앞으로 기술력이 발달함에 따라 그 가능성이 무궁무진한 방식입니다.

### 새로운 주인을 찾아준다

위에서 설명한 세 가지 말고도 생을 마친 옷이 갈 수 있는 길이 남아 있습니다. 새로운 주인을 찾는 것입니다.

우리는 이미 의식적으로든 무의식적으로든 옷의 새 주인을 많이 찾아주고 있습니다. 새로 산 옷이 내게 별로 어울리지 않아서, 혹은 몇 번 입지 않았는데 새 옷이 사고 싶어서 인터넷 중고 물품 거래 사이트에 옷을 팔겠다는 글을 올리기도 하고 가까운 친구에게 옷을 선물하거나 싼 가격에 팔기도 하지요.

최근에는 다양한 벼룩시장이 등장했습니다. 단순히 '헌 물건'을 처분하는 곳이라는 느낌이 강했던 옛날 벼룩시장과 달리 요즘 서울 및 각 도시들에서 열리는 벼룩시장은 축제 느낌이 강합니다. 각양각색의 중고 물품은 물론 직접 만든 소품이나 음식들을 파는 곳도 많아 꼭 물건을 사고팔지 않더라도 누구나 한번 들러보고 싶은 장소가 되었지요. 이런 벼룩시장에서 패션 제품의 인기는 단연 선두입니다. 요즘은 많은 지역에서 다양하고 특색 있는 벼룩시장이 열리니 방문해보는 것도 재미있는 일이 될 것입니다.

▶▶ 핀란드의 한 벼룩시장. 유럽은 벼룩시장이 무척 활성화되어 있다.

그런가 하면 외국에서는 또 다른 재활용의 장이 유행이라고 합니다. '패션 스왑 파티'가 그것입니다. 이 파티는 유럽과 미국에서 유행하는 패션 제품 물물교환 모임을 말합니다. 특히 청소년들 사이에서 인기가 높다고 해요. 우리나라에서도 이런 파티를 열 수 있지 않을까요? 파티를 준비한다고 생각하면서 순서표를 읽어보세요. 무엇을 위한 파티인지, 어떤 재미가 있는 파티인지 쉽게 이해할 수 있을 것입니다.

1. 날짜와 시간을 정해서 초대장 보내기. 초대장에는 입지 않는 옷을 들고 와야 한다는 공지를 꼭 써놓을 것.

2. 탁자 세 개를 준비하고 각 탁자에 가격표 붙이기. 가격표에는 구체적인 금액

대신 '비싼 것', '중간 가격', '싼 것'이라고만 쓸 것.

3. 참석할 친구들의 숫자를 고려해 각각 '비싼 것', '중간 가격', '싼 것'이라고 적은 티켓 넉넉하게 준비하기. 가격에 따라 색을 다르게 한 색종이나 종이돈도 사용 가능함.

4. 친구가 도착하면 가지고 온 옷을 알맞은 탁자에 올려놓으라고 안내한다. 만약 비싼 옷이라면 '비싼 것' 표가 붙어 있는 탁자에, 싼 옷이라면 '싼 것' 표가 붙어 있는 탁자에.

5. 탁자에 올려놓은 옷의 개수만큼 티켓을 지급한다. '비싼 것' 탁자에 옷을 세 벌 올려두었다면 '비싼 것' 티켓을 준다.

6. 지급받은 티켓에 이름을 적는다. 이름을 다 적었으면 티켓을 다시 거두어 큰 통에 담고 섞는다.

7. 무작위로 티켓을 한 장씩 뽑아서 그 티켓에 적힌 이름과 가격을 소리 내어 읽는다. 예를 들면 '김○○, 비싼 것', '이○○, 싼 것' 같은 식으로.

8. 호명된 사람은 해당 탁자에 가서 마음에 드는 옷을 고른다.

9. 모든 옷이 주인을 찾을 때까지 추첨을 하는데 중간 중간 옷을 입어볼 수 있는 시간을 가져도 좋고 이미 고른 옷을 서로 바꿀 수 있는 기회를 걸고 게임

을 하는 것도 좋다.

어떤 목적을 가진 파티인지 알 수 있겠죠? 더 이상 입지 않는 옷에게 새 주인을 찾아주고, 나도 누군가가 가져온 옷의 새 주인이 될 수 있습니다. 재미도 있고 경제적으로도 이익이며 환경 보호에도 좋은 파티지요.

또 다른 재활용의 장으로 눈길을 옮겨봅시다. 중고 옷을 제외하더라도 '누군가 입던 옷'은 패션계에서 확고한 위치를 차지하고 있습니다. '빈티지vintage'라는 말을 들어보았나요? 빈티지란 '오래된', '숙성이 잘된'이라는 뜻의 단어로 원래는 와인을 설명할 때 쓰였습니다. 빈티지 와인이란 포도가 풍작인 해에 유명한 양조장에서 질 높은 포도로 만든 와인을 가리킵니다. 그래서 빈티지 와인의 라벨에는 꼭 와인 생산 연도를 표기하고는 하지요.

그런데 이 빈티지라는 단어가 패션계에서 쓰이기 시작하면서 '오래된 옷' 혹은 '낡은 느낌을 주는 옷' 등을 통칭하는 용어가 되었습니다. 하지만 오래되었다고 해서 모두 빈티지라고 하지는 않습니다. 최고급 와인에 빈티지라는 이름을 붙이듯이, 시대가 흘러도 디자인의 가치가 돋보이고 품질에 큰 하자가 없는 옷만을 빈티지라고 부르지요. 이런 빈티지 패션은 패션계에서 꽤 많은 마니아들을 가지고 있습니다. 새 옷을 일부러 낡아 보이게 만들거나 유행이 지난 예스러운 디자인으로 만드는 것은 바로 이런 빈티지 스타일을 노린 것입니다. 유행의 흐름과는 관계없이 빈티지만을 고집하는 사람들도 있습니다. 세월이 지나도 그 가치가 퇴색되지 않는 옷의 생명력을 느낄 수 있는 패션입니다.

이상으로 첫 번째 삶을 마친 후의 이야기를 살펴보았습니다. 한때 설레면서 구입했던 옷, 많은 곳을 함께 다니며 추억을 공유했던 옷, 나를 따뜻하게 감싸주고 돋보이게 해주었던 그 옷들이 더 이상 필요 없어졌을 때, 어떤 길로 그 옷들을 보내주고 싶은가요?

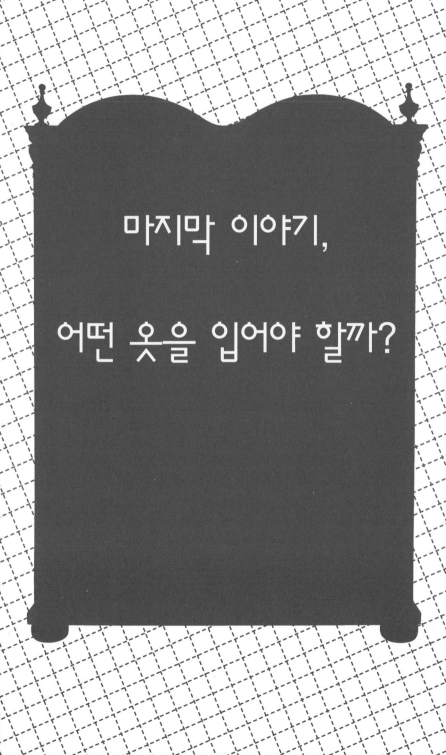

의·식·주. 사람이 살기 위해 꼭 필요한 세 가지입니다. 그중 먹는 것식과 지낼 곳주은 다른 동물에게도 역시 필수적입니다. 사람이 따뜻하게 지은 밥을 먹을 때 호랑이는 사슴을 사냥하고 사슴은 또 나뭇잎과 나무열매를 먹습니다. 독특한 식성을 가진 동물들도 있습니다. 나무늘보는 세크로피아Cecropia라는 나무의 잎을 먹고 고슴도치는 딱정벌레를 먹습니다. 무엇을 먹고 어떻게 먹는가는 다르지만 먹어야 살 수 있다는 기본원칙은 모든 동물에게 동일하게 적용됩니다.

집도 마찬가지입니다. 네 귀퉁이 벽을 세우고 지붕을 얹어 비바람과 뜨거운 햇빛을 막아주는 공간, 단독주택이든 아파트든 집이 있어야 사람이 사람답게 살 수 있듯이 동물도 그들 나름대로의 집을 짓습니다. 나뭇가지로 둥지를 엮기도 하고 땅을 파 동굴 속에 들어가기도 합니다. 비버처럼 깜짝 놀랄 정도로 과학적인 집을 짓는 동물도 있습니다.

하지만 옷을 입는 일에서만큼은 사람과 그 밖의 동물이 확연히 다릅니다. 사람을 제외한 그 어떤 동물도 옷을 입지는 않으니 말입니다. 옷을 입는 것은 지구의 수많은 생물들 중 인간만의 특성입니다. 그런만큼 옷은 인간 사회에서 다양한 의미를 가지고 있습니다.

우리는 그저 한 끼를 해결하기 위해 음식을 먹기도 하고, 가능하면 맛있고 건강하며 다른 사람들과 즐거운 시간을 보낼 수 있는 음식을 찾아 먹기도 합니다. 옷도 그렇습니다. 그저 몸을 가리기 위해 옷을 입을 수도 있겠지만, 가능하면 내게 어울리고 개성을 표현할 수 있으며 다른 사람과의 관계에 좋은 영향을 끼치는 옷을 골라 입을 수도 있습니다.

서양 속담 중에 '내가 먹는 것이 바로 나'라는 말이 있습니다. 먹는 음식이 나라는 존재의 정체성까지 결정한다는 뜻으로, 먹는 것이 그만큼 중요함을 강조하는 말입니다. 이 말을 바꿀 수도 있지 않을까요? '내가 입는 것이 바로 나'라고 말입니다. 기왕 입어야 하는 옷이라면 '잘' 입는 것이 나의 삶을 윤택하게 해줄 것입니다. 과연 어떤 옷을 어떻게 입어야 잘 입는 것일까요?

## 몸

옷을 선택할 때 처음으로 고려해야 할 것은 몸의 안전과 편안함입니다. 너무 당연한 말이어서 모르는 사람이 없을 것 같지만 놀랍게도 그렇지 않답니다.

유행의 힘은 때로는 거부할 수 없을 만큼 강력하고, 그래서 몸에 해로운 패션이라 할지라도 비판 없이 따르는 경우가 많습니다. 역사적으로도 몸을 핍박하는 패션은 늘 존재해왔습니다. 여성들을 몇 번이나 기절시키면서도 몇 백 년간 명맥을 유지해온 코르셋, 여성의 발을 어릴 때부터 꽁꽁 동여매 발을 자라지 못하게 하여 결국 여성을 혼자서 걷기도 힘들게 만들었던 중국의 전족, 그 무게에 목이 부러지는 상황까지 초래했던 조선 시대의 가발 가체 등등. 오랫동안 사람들은 유행에 동참하기 위해 자기 파괴적인 행동을 해왔던 것입니다.

이성적이지 못하다는 비판의 목소리도 간혹 들리지만 사실 누구라도 유행의 한가운데에 있다 보면 그 유행의 잘못된 점을 쉽게 발견하지 못합니다. 오늘날에도 우리는 예쁜 옷을 입고 예쁜 신발을 신고 싶어 다소의 신체적 불편함은 눈감아버리는 경향이 있지요.

예쁜 옷과 편안한 몸. 어느 쪽을 택하든 입는 사람의 자유가 아니냐고 묻는 사람도 있습니다. 맞는 말입니다. 하지만 언제나 균형을 잡는 것이 중요합니다. 하이힐을 좋아하더라도 적어도 일주일에 3일 정도는 운동화를 번갈아 신어줄 수 있을 것이고, 몸에 꼭 끼는 옷을 좋아한다면 최소한 소재를 편안한 것으로 선택하거나 집에서 쉴 때만큼은 헐렁한 옷을 입고 뭉친 몸을 풀어주는 운동을 해줄 수도 있을 것입니다.

우리 몸 내부의 순환기관이나 면역기관이 균형을 잃어버리면 병에 걸리듯이 옷과 몸 사이의 균형 역시 우리 삶에 큰 영향을 끼칩니다. 옷은 제2의 피부라 할 정도로 우리 몸과 밀접한 관계에 있습니다. 어떤 옷을 입느냐는 어떻게 내 몸을 대할 것인가와 직결되는 문제입니다.


## ▌ 마음

"마음에 든다", "마음에 들지 않는다", 우리가 옷을 살 때 가장 많이 하는 말 아닐까요? 이렇게 말할 때 '마음'은 아주 광범위한 개념입니다. 한 단어에 취향, 이상형, 철학 등 아주 많은 의미가 포함되어 있기 때문입니다.

우선 개인의 패션 감각에 맞아떨어지는 옷이어야 할 것입니다. 그리고 스스로 표현하고 싶은 '나'를 말해줄 수 있는 옷이어야 할 것입니다. 상황에 따라 표현하고 싶은 '나'는 달라집니다. 면접을 볼 때는 자신감 있는 나를 만들고 싶고 사랑을 할 때는 사랑스러운 나를 만들고 싶습니다. 친구들과 있을 때는 친근한 나를 보여주고 싶고, 경쟁자들과 있을 때는 뛰어난 나를 보여주고 싶습니다.

1980년대 미국에서 재미있는 실험이 있었습니다. 한 남자에게 맵시 있는 정장을 입히자 사람들은 그가 지적이고 지위가 높으며 말을 조리 있게 잘할 것이라고 예상했습니다. 하지만 평범한 캐주얼 의상을 입히자 정장을 입혔을 때보다 모든 면에서 평가가 낮아졌습니다.

무슨 옷을 입었든 그가 가진 능력에는 변함이 없을 것입니다. 하지만 어떤 옷을 입었느냐에 따라 사람들의 평가는 달라졌습니다. 옷차림이 옷을 입은 사람의 이미지에 큰 영향을 끼쳤기 때문입니다. 이것을 후광 효과*라고 합니다. 후광 효과가 존재한다는 것은 상황에 따라서 만들고 싶은 나의 모습을 옷을 통해 만들 수 있다는 뜻이기도 합니다.

연예인은 화려한 옷을 즐겨 입습니다. 그것이 사람들의 시선을 끌기 때문입니다. 연예인이 아니더라도 화려한 옷을 자주 입는 사람을 우리는 '튄다'고 생각합니다. 반대로 금욕과 절제를 주된 가치로 삼는 종교인들은 장식 없는 무채색 옷을 입습니다. 하지만 종교인이 아니더라도 어두운 색과 절제된 디자인의 옷을 자주 입는 사람을 보면 우리는 그 사람이 엄격하고 단정한 사람일 거라 생각하게 됩니다. 안경이나 스카프, 모자 등 특정

*
어떤 사람이 가진 뛰어난 한 가지 특성이 그 사람의 다양한 특성의 평가에 영향을 끼치는 현상을 말합니다. 외모가 잘생긴 사람이 온화한 성격을 가진 것으로 평가받는다거나 안경을 쓴 사람이 지적인 사람으로 평가받는 경향 등이 후광효과의 예입니다.

한 패션 제품을 선호하는 사람은 종종 그 사람이 입고 쓰는 패션 제품의 이미지로 기억되고는 합니다. 어떤 사람에 대해 설명할 때 "매일 야구 모자 쓰고 다니는 사람", "뿔테 안경을 끼고 다니는 사람"이라는 식으로 묘사해본 적이 누구에게나 한 번쯤 있을 것입니다.

옷으로 나타낼 수 있는 것은 이뿐만이 아닙니다. 어떤 사람은 오직 친환경 소재로 만든 옷만을 입음으로써 환경 파괴에 반대할 수도 있습니다. 제작 공정을 투명하게 공개하는 옷만을 입음으로써 노동력 착취에 반대할 수도 있습니다. 특정한 문구나 표지를 새긴 티셔츠를 입음으로써 나의 주장을 누구나 볼 수 있게 할 수도 있습니다. 실제로 옷은 캠페인의 도구로도 많이 쓰입니다. 의견을 함께하는 사람이 모두 같은 옷을 입거나 같은 장식을 부착하는 방식으로 말입니다.

작게는 한 가지 브랜드만을 고집함으로써 그 브랜드를 선호한다는 것을 나타낼 수도 있고, 내가 직접 만든 옷이나 소품을 이용해 나만의 개성을 드러낼 수도 있습니다. 다양한 입을 거리가 있음에도 전통의상을 고집하는 사람들도 세계 곳곳에서 찾아볼 수 있습니다. 단지 옷차림만으로 자신의 가치관을 나타내고 있는 것입니다.

나 자신에게 어울리는 옷, 나 자신을 표현할 수 있는 옷은 입었을 때 자신감과 편안함을 주고 사람들로 하여금 연대하게 만드는 힘의 원천이 되기도 합니다. 옷을 입을 때 다른 외부적 영향보다는 나의 마음의 목소리에 귀를 기울인다면 옷 입기는 행복한 일이 될 수 있을 것입니다.

세계적인 인기를 끌었던 영화 〈해리 포터Harry Potter〉 시리즈에서 헤르미온느 역을 맡았던 배우 엠마 왓슨Emma Watson이 연예계 뉴스가 아닌 환경 뉴스에 등장한 적이 있습니다. '피플트리People Tree'라는 친환경 의류 브랜드의 모델로 나서며 옷에 대한 자신의 의견을 피력했기 때문입니다. 그녀는 피플트리의 모델로 일했을 뿐 아니라 제품 디자인에도 직접 참여하는 등, 친환경 의류 브랜드 육성에 열정을 보였는데, "패션과 패션 소비가 세상에 이바지할 수 있는 힘이 있다는 것을 알리고 싶다"고 밝힌 바 있습니다.

지금까지 살펴봤듯이 옷 한 벌이 가진 배경은 복잡다단합니다. 우리는 이 옷을 만든 사람이 어떻게 대우받으며 일했는지, 그리고 옷의 소재는 무엇이며 그 소재는 어느 회사에서 어떤 과정을 거쳐 만들었는지, 이 옷이 디자인을 표절한 옷은 아닌지, 모피 등 동물성 소재가 쓰였는지 아닌지 등을 따져볼 수 있습니다. 하지만 그 모든 것에 주의를 기울이고 모든 기준에 부합하는 옷을 찾기 시작한다면 옷을 사고 입는 일은 즐거움이 아니라 괴로움에 가까워질 것입니다.

그렇다면 여러 가지 기준 중 한 가지를 정해서 그 한 가지를 가능한 한 지킬 수 있도록 노력해보는 것도 좋은 방법입니다. 옷 세 벌이 필요하다면 그중 한 벌을 공정무역 패션 기업의 옷으로 산다거나 친환경 소재로 만든 옷을 사는 등 나의 소비 범위 내에서 할 수 있는 일을 찾아보는 것은 어떨까요? 해야만 하는 일이 아니라 즐거운 일, 유쾌한 일로 기능할 때 윤리는 보다 영향력 있는 덕목이 될지도 모릅니다.

누구나 태어날 때는 알몸으로 태어납니다. 하지만 태어나자마자 우리는 배냇저고리와 같은 아기 옷을 몸에 걸치게 되고, 그 뒤로도 살아가면서 한순간도 옷을 몸에서 **떼어놓지 않지요.** 몸을 씻는 등 특수한 몇몇 상황을 제외하면 말입니다. 심지어 **죽은** 뒤에도 수의로 몸을 감싸니 옷은 우리의 인생에 평생 함께하는 동반자라 할 만합니다.

이제까지 다양한 옷의 세계, 그리고 옷에 얽혀 있는 이야기들을 살펴보았습니다. 우리가 별 생각 없이 사 입는 옷에 닿아 있는 여러 사**람의 손길도 되돌아보았습니다.** 그리고 옷 한 벌을 두고 오가는 논쟁과 싸움 역시 존재한다는 것을 알았습니다. 그 사실을 알고 나면 옷장 속에 걸려 있는 옷들이 지금까지와 같이 보이지는 않을 것입니다.

자, 앞으로 여러분은 어떤 옷을 입고 싶은가요? 그 답은 결국 '나는 어떤 사람이 되고 싶은가?'에 대한 답과 크게 다르지 않을 것입니다.